CÉSAR MARTÍN-GÓMEZ *et al.*

DIÁLOGOS, SERENDIPIAS Y SUEÑOS EN TORNO A LA INVESTIGACIÓN ARQUITECTÓNICA

EDICIONES UNIVERSIDAD DE NAVARRA, S.A.
PAMPLONA

Serie: Arquitectura

Cupón para la Biblioteca Virtual

Accede a la versión eBook de este título por solo **1,99 €**. Con la compra de este libro puedes utilizar el siguiente cupón para la lectura en *streaming** desde la Biblioteca Virtual. **Sigue estas instrucciones** para visualizar tu libro:

1. Dirígete a la web de la Biblioteca Virtual en **https://ebooks.eunsa.es**.

2. En la web ve a **Iniciar sesión** e introduce tu email y contraseña. Si no estás registrado, deberás completar el proceso en **Registrarse**.

3. Tras registrarte, accede a la página del libro o lee el QR de esta página. Bajo el precio podrás **insertar el código oculto en el siguiente cupón** para activar la promoción.

Despegue para visualizar

Acceso directo al eBook

Canjéalo en ebooks.eunsa.es

*Con acceso a internet desde cualquier navegador.

Imagen de portada
Joan Vellvé

Revisión de estilo
Diego Galar

Printed in Spain – Impreso en España
Imprime: Podiprint

Índice

La vida intelectual es un gozo, pero también un gran servicio. Se proporcionan ideas y análisis a los que no tienen el tiempo de procurárselos por sí mismos. Se piensa por otros y para otros. Por eso, no viene mal imaginar cuál es el público al que uno quiere servir y con el que se puede sentir identificado. Esto da una perspectiva de trabajo: intentar percibir y satisfacer sus necesidades y aspiraciones. Cuando un libro presta un servicio, permanece[1].

Este ensayo está dirigido a todos aquellos a quienes les atraigan los retos intelectuales en su más amplio sentido.

---

1. LORDA, J. L., *La vida intelectual en la Universidad. Fundamentos, experiencias y libros*, EUNSA, Pamplona, 2016, p. 87.

Una bola de nieve. Una bola de nieve que cae por la ladera de la montaña ganando en tamaño y velocidad. Como en aquella magnífica plancha de Tintín en *El templo del Sol* andino.

Como una bola de nieve me describió un amigo la actividad investigadora en la universidad vista desde fuera de la universidad: una colaboración con un profesional de tu área lleva a un nuevo proyecto con otro profesional de otra área, después a colaborar con otra persona de otro país y luego un nuevo proyecto, un nuevo reto... creciendo y creciendo hasta que la bola adquiere una fuerza y velocidad temibles, pero siempre impresionante en el ímpetu que la acompaña. Una bola que te puede arrollar si no sabes cuándo apartarte. Una bola que me arrolló y que me empujó a preparar este ensayo.

Esta es una de las posibles miradas externas de la investigación en la universidad, aunque, desde mi perspectiva, para resumir la labor universitaria prefiero recordar la latina expresión "Nulla die sine linea"[2] que expresa sin ambages ese trabajo constante, ruti-

2. Ningún día sin [pintar] una línea. Famosa frase del pintor Apeles, recogida en PLINIO, *Historia natural*, 77-79 d. C., libro 35, cap.10, citado en LORDA, *op. cit.*, p. 198.

nario[3] y que por ello mismo requiere de una visión a largo plazo contundente e intensa.

En mis casi veinticinco años de trabajo académico, una de las cosas más bonitas que me he encontrado en la universidad es que ante las adversidades que podía encontrar al comenzar un nuevo proyecto, si se incluían las palabras *difícil, reto,* o la expresión "no sé a dónde nos llevará esto", siempre he encontrado a alguien que se sumara con entusiasmo a ese viaje intelectual que no sabíamos cuándo ni cómo ni dónde acabaría. Algo similar sucedió al plantear este trabajo.

El 20 de febrero de 2023 envié el siguiente correo electrónico a los coautores de este libro. Disculpe el lector su tono informal, pero cuando lo escribí no sabía que un día me decidiría a incluirlo aquí.

Begin forwarded message[4]:
From: César Martín-Gómez <cmargom@unav.es>
Subject: Saludos, reflexión y colaboración / Regards, thought and collaboration[5]

Sirva lo primero este correo para saludaros, especialmente a los que llevo más tiempo sin hablar en persona. La vida pasa rauda y veloz.

3. "La rutina no es monotonía", que dice la canción *Donde duele inspira* (Flowklorikos, 2006).

4. Las preferencias de mi ordenador están en inglés y así traslado la información del correo electrónico. En todo caso, el uso del inglés es coyuntural, pues creo fervientemente en el uso del español para la comunicación en general y de la ciencia en particular. Se trata de una cuestión que requeriría de una reflexión profunda entre los hispanohablantes, que va más allá de los objetivos de este ensayo y que considero absolutamente necesaria.

5. Varios de los coautores son extranjeros y por ello me dirigí a ellos también en inglés. Estos coautores escribieron sus aportaciones en inglés y yo he sido el responsable de la interpretación de sus textos al español, que no traducción. A estos textos añadí mis aportaciones.

Y unido a esto viene mi reflexión. Desde hace años estamos consiguiendo sacar una investigación más o menos constante desde la Escuela de Arquitectura de la Universidad de Navarra. Una investigación humilde, pero creo que seria e ilusionante y con gran valor si la ponemos en perspectiva con lo que teníamos allá por el año dos mil. Tenemos ahora tres proyectos de investigación en marcha e infinidad de ideas para otros muchos en el futuro. Pero la vida da para lo que da, y me doy cuenta cada día de que no podremos hacer ni una décima parte de las cosas que soñamos hacer. Por eso se me ocurrió hace unos meses escribir un libro sobre lo que me gustaría investigar y no podré, sencillamente, por falta de tiempo. Se trataría de un libro en el que resumiría esas ideas y donde los más jóvenes, los que tengan tiempo y quieran, pudieran encontrar un inicio, un punto desde el que arrancar, un detonante intelectual (un concepto este que me encanta) para construir un mundo mejor que el que nos encontramos.

Comencé a redactar el libro y me di cuenta de que lo estaba enfocando mal. Esa investigación soñada habría sido imposible sin vosotros, sin vuestras conversaciones, vuestras críticas, vuestras dudas. Vuestra ayuda.

Y aquí es donde os pido colaboración. Me gustaría preparar un libro [...] de reflexiones CON vosotros. Un libro de fácil lectura. Ilusionante.

Cada capítulo del libro que haría con vosotros tendría en torno a 1500 palabras. [...] Una cosa sencilla que permita al que quiera asomarse al libro una lectura rápida, clara y atrayente sobre el tema en cuestión.

¿Cuál sería el proceso?

1. A los que aceptéis este "desafío" intelectual, os pediré solo 1000 palabras sobre el tema. Yo me encargaría de completarlo hasta las 1500-2000 palabras y de homogeneizar los textos del conjunto del libro.

2. Os pediría 2-3 libros que os hayan inspirado en vuestra vida como investigadores (relacionados con el tema en cuestión o no) para el apartado de bibliografía.
3. Con todo el libro encajado, os lo mandaría para tener vuestra opinión y hacer los cambios que correspondan.
4. Publicarlo.
5. Esperar unos años a ver si este libro ha contribuido de alguna forma a mejorar el mundo…
[…] Confío en que esta propuesta os haga tanta ilusión como a mí.
Un gran saludo desde Pamplona,
César

Hace tiempo leí que una de las funciones de la Universidad era recoger el conocimiento existente, mejorarlo y trasladarlo a las siguientes generaciones. Es así como ha de entenderse esta publicación: como una manera explicar de dónde hemos partido y qué hemos hecho para indicar caminos que otros, si así lo eligen, puedan transitar en el futuro, algo que expresa mejor que yo Juan Luis Lorda en estas líneas:

También hay que dar estímulos y pistas para encontrar las respuestas. Pero no se trata de transmitir recetas, sino de señalar caminos y dar testimonio de convicciones valiosas. Toda sociedad necesita personas que sepan conservar, acrecentar y transmitir su cultura. En realidad, todo intelectual tiene en la sociedad tres funciones: una función cultural, de acumular y conservar la cultura humana; una función crítica, de discernimiento para asegurar la verdad en su campo; una función didáctica, de estimular a otros, iniciarlos o acompañarlos en el camino del saber[6].

---

6. LORDA, *op. cit.*, p. 82.

Una penúltima referencia que quería incluir en este capítulo introductorio es la siguiente. Se trata de una frase de carácter metafórico (que también debo, de nuevo, a Juan Luis Lorda), que resulta crucial para visualizar el origen de este ensayo:

> *En las ciencias naturales, el saber crece en las fronteras, y lo que pasa allí influye en el estado de toda la ciencia. Pero en las humanidades, el conocimiento crece en el centro (en altura y profundidad). Lo que está en las orillas —lo nuevo— suele ser marginal. [...] Por estas diferencias, en las ciencias naturales los sabios son rápidamente rebasados por el progreso y sus obras pasan a la sección de historia, en el mejor de los casos. Se les agradece su aportación, pero se archivan sus libros. En las humanidades, los sabios siguen siendo sabios, aunque pasen los siglos. Son cimas a las que se ha llegado. [...] Si se lee lo que está en el centro, los libros clásicos e importantes de cada tema, rápidamente se crece y se está en condiciones de juzgar y aportar. Las cimas logradas nunca pierden altura*[7] [fig. 1].

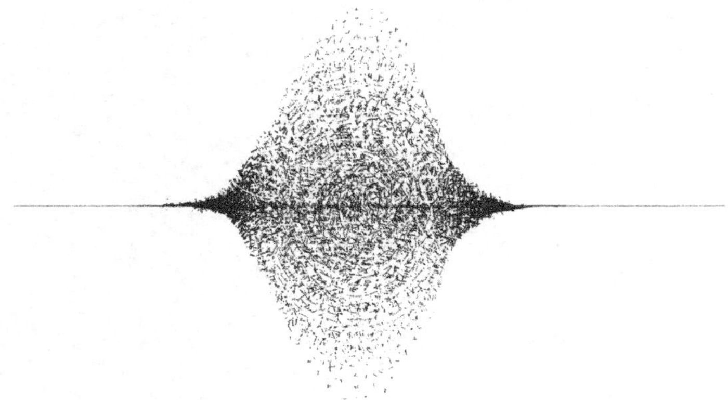

Figura 1. Dibujo realizado por Joan Vellvé para el proyecto Polymath, donde se abstrae la idea de cómo crece el conocimiento en las ciencias naturales y las humanidades.

7. LORDA, *op. cit.*, pp. 41-42.

Este ensayo ha tenido un proceso de gestación lento, pues, como dice Juan Bustamante: "Algunos proyectos, bien sea un libro, un viaje, una nueva empresa, da lo mismo, se cuecen a fuego lento. Son producto de vagas ideas iniciales que se van delineando poco a poco, limando, perfeccionando, tomando forma. Otros, en cambio, surgen de forma agolpada y se cincelan sobre la marcha a base de quitarnos la palabra unos a otros añadiendo ideas entre risas y buena voluntad"[8].

8. BUSTAMANTE ALONSO-PIMENTEL, J., *Misión en Irak*, Galland Books, Valladolid, 2020, p. 9.

La nueva vida necesita ser inspirada por la consciencia de que posee todo tipo de ventajas conseguidas por la gran dedicación de desconocidos y olvidados héroes de la exploración intelectual, de integridades intuitivas ganadas a tientas en la oscuridad. A menos que la nueva vida aprecie altamente a aquellos que estuvieron antes, no podrá beneficiarse eficazmente de su herencia[9].

Situado el origen y marco de los textos de este ensayo, procede explicar por qué este libro puede ser de interés para algunas personas. Al fin y al cabo, escribir es fácil, lo difícil es que nos lean.

Llevo más de veinte años trabajando en cuestiones relacionadas con la técnica y la tecnología. He visto pasar ante mis ojos, y cada vez de forma más rápida, elementos y sistemas, programas informáticos o productos de los que sus fabricantes argumentaban con gran entusiasmo que iban a marcar un antes y un después de su lanzamiento. Este bagaje profesional es el que me ha hecho ser plenamente consciente de la importancia filosófica, incluso

9. FULLER, B., *El capitán etéreo y otros escritos*, Colegio Oficial de Aparejadores y Arquitectos Técnicos de Murcia, Murcia, 2003, p. 47.

atemporal, de construir (y vivir y mantener) la arquitectura y el urbanismo.

Mi viaje de profesional de la edificación a investigador y profesor universitario ha implicado adquirir ciertas habilidades de laboratorio, escribir artículos para revistas indexadas, asegurar fondos económicos para sacar adelante proyectos de investigación y trabajar en equipos complejos. También ha supuesto entender cómo mejorar la vida académica y sus conexiones con la sociedad en su conjunto y con las empresas en particular. A lo largo de los años he profundizado en numerosos textos de tinte filosófico que he incorporado a mi trabajo diario para orientarme, a pesar de su naturaleza aparentemente dispar[10].

Revisando textos propios del pasado para preparar este ensayo, comprobé con cierto ¿temor intelectual?, ¿aburrimiento de mí mismo, incluso? que son muchas las veces que he utilizado las expresiones "¿por qué este texto?", "¿por qué este libro?", "¿por qué esta publicación?". Pero es que creo que esta es la pregunta importante. No se trata de hacer cosas, sino de saber por qué las estamos haciendo. Es la pregunta que debe impregnar nuestro día a día, tanto en el ámbito personal como en el profesional.

Tras escribir el correo electrónico que mencionaba antes, me puse en contacto personalmente con algunos de los destinatarios de los que no había obtenido respuesta. Uno de ellos, navarro, serio, directo en las formas y en el fondo (supongo que por eso he trabajado tantos años y tan bien con él), me dijo: "Este libro no tienes que hacerlo, o no hasta dentro de al menos quince años".

10. "Philosophers, or persons of speculation, whose trade it is not to do anything, but to observe everything, and who, upon that account, are often capable of combining the powers of the most distant and dissimilar objects". SMITH, A., *Wealth of Nations, An Inquiry into the Nature and Causes of the Wealth of Nations*, 1776, libro 1, cap. 1.

"Pues va a ser que no", pensé yo. Aprecio mucho a […], pero dentro de quince años tendré sesenta y cinco, y más tocaría redactar unas memorias tipo abuelo Cebolleta, que vaya usted a saber si interesarían a alguien, que un texto que intente trasladar ilusión a otros. Es cierto que esta publicación tiene un punto de biografía personal, pero es que al final somos nuestro pasado, y sin entender, sin valorar, sin criticar ese pasado no podemos proyectar el futuro.

Son muchas las frases, reseñas, textos que en un momento dado me impulsan a poner en marcha esta iniciativa y tratar de congregar el trabajo de tantos investigadores y profesionales: desde la ilusionante "Tout ce qui est dans la limite du possible doit être et sera accompli"[11] hasta aquella de "Lo hicieron porque no sabían que era imposible"[12] o, como alguien dijo, "Una buena pregunta es mejor que la más brillante de las respuestas", ya que "Una buena pregunta afecta a la comprensión, al orden, mientras que una respuesta resulta muy fragmentaria en comparación. […] Fue gracias a lo desconocido como aprendí"[13].

Por otra parte, el fundador de la Universidad de Navarra también decía: "Soñad y os quedaréis cortos". Pero el verbo *soñar*, como el verbo *amar* y el verbo *leer*, no soporta el imperativo. Desde que dejé mi trabajo como arquitecto y me incorporé a jornada completa a la Universidad, entusiasmado por los retos que docencia e investigación ofrecen unidos, una de las cosas que más me sorprendió es que algunos de mis compañeros académicos, no solo de mi universidad, no solo de España, sufren si tienen que soñar.

En la gran mayoría de los casos es gente ordenada, trabajadora, sistemática, que les gusta el desempeño universitario tanto o más

---

11. VALÉRY, P., *Variété V*, Gallimard, París, 1927.

12. La frase figura en la carpeta del doble disco en directo de Miguel Ríos *Rock and Ríos*, grabado los días 5 y 6 de marzo de 1982.

13. KAHN, L. I., *Escritos, conferencias y entrevistas*, El Croquis, Barcelona, 2003, p. 104.

que a mí mismo. Pero en ocasiones no plantean sus sueños para elaborar la investigación del futuro por la vergüenza o el miedo al qué dirán, o a que piensen que su investigación no es "seria". O porque, como decía una extraordinaria investigadora a la que también invité a participar en este libro: "Estoy cansada de soñar". Supongo que lo decía porque luego el proceloso y burocrático ámbito académico en España es capaz de matar a pellizcos las ilusiones de muchas personas.

A fin de cuentas, el problema no es soñar, sino materializar ese sueño en un prototipo, en un modelo o en un texto, por ejemplo. ¿Has soñado en hacer un móvil transparente? ¡Fenomenal! Sería extraordinario. Ahora, hazlo. A partir de ese momento es cuando comienzan las dificultades.

Personalmente, soñar la investigación del futuro es lo más bonito que me ha pasado en estos años de trabajo en la Universidad, una pasión que espero haber trasladado al menos a mi círculo más cercano de trabajo.

...

Debo explicar aquí también otra cuestión que me ha impulsado a escribir este libro con los coautores.

La carrera académica es una carrera de fondo, a largo plazo, a muy largo plazo. Si de verdad la quieres, te llevará toda una vida. En ese recorrido, cada sistema universitario tiene sus hitos, pero siempre pasan por terminar el grado, la carrera, los estudios de base, para después hacer la tesis doctoral. La tesis doctoral es adentrarte en un terreno desconocido, como decía Umberto Eco, y en ese momento, puede que durante no mucho tiempo, eres la persona que más sabe de ese tema en el mundo, pues si otro, otra, supiera tanto como tú, habría dicho lo mismo, no sería investigación.

Del mismo modo que te puedes sacar el permiso de conducir y luego estás el resto de tu vida conduciendo (o no), la consecución de la tesis doctoral valida ante el resto de la comunidad científica que una persona ha seguido un proceso en el que ha demostrado que sabe investigar. Si ya tienes ese permiso para investigar, y decides usarlo, comienzas a hacerlo utilizando fondos económicos proporcionados por tu propia universidad, empresas o gobiernos. Con trabajo serio llegan los resultados, y un proyecto pequeño lleva a otro mayor. Primero trabajas para otras personas, poco a poco va llegando la confianza para promover la oportunidad de liderar el primer proyecto propio, ese proyecto que agobia y preocupa como ningún otro porque hay que alcanzar unos resultados, con un personal siempre menor de lo deseable, con unos recursos económicos exiguos en un plazo de tiempo acotado.

[Procede aquí una pequeña reflexión. ¿Se puede investigar sin hacer la tesis doctoral? Por supuesto. Centenares, miles de ejemplos de personas singulares, apasionadas de sus áreas, trabajadoras en empresas, así lo demuestran].

Estamos hablando de investigación, de salir de tu zona de confort, y puede que el camino que has elegido para llegar a una nueva vacuna, una mejora en un tipo de motor o un nuevo hormigón ultrarresistente no lleve a ninguna parte. Unas incertidumbres aún mayores en el área de las humanidades, por cierto.

Van pasando los años y un día pasas a codirigir la tesis de otros, a dirigir las de otras. Vas ganando confianza en tu área de conocimiento y cada vez sabes mejor lo que sabes y tienes aún mayor certeza de todo lo que no sabes.

Un día, por la sencilla razón de la experiencia que da la vida y el trabajo cotidiano, y porque otros, por pura estadística, van dejándonos por cambios de trabajo o por jubilaciones, nos convertimos en faro para algunos. En su referencia. Cualquier otra consideración creo que es demasiado altiva.

Los pasos intermedios en este camino reciben distintos nombres, que además cambian según las normativas universitarias entre países: profesor contratado, ayudante doctor, titular... y que en su culminación supone ser nombrado catedrático.

En mi caso, comencé a trabajar en el año 2000 sin otro afán que hacer mi trabajo de arquitecto bien. Pero mi paso por el Centro Nacional de Energías Renovables (CENER) en Navarra alimentó mi interés por la investigación y desarrollé la tesis mientras trabajaba. Un buen día se acabó y dejé mi trabajo para dedicarme a jornada completa a la Universidad. Accedí a ella y fui dando pasos, con una vaga idea de eso que suponía ser catedrático. Al fin y al cabo, catedráticos eran esos profesores y profesoras "mayores", sabios en sus áreas, respetados y, los que yo he conocido en persona, encantadores en el trato personal y generosos siempre en el tiempo que dedican a otros.

Pues bien. Un día recibí el nombramiento de catedrático. Como digo, es algo a lo que se aspira, o al menos yo aspiraba, tras pasar muchos años en la universidad y como resultado de un proceso, nunca como objetivo.

Y de pronto me encontré perdido, con dudas, con muchas dudas en mi vida profesional. ¿Cuál era mi siguiente objetivo, entonces? ¿Aspirar a más proyectos de investigación?, ¿a tener más libros y artículos?, ¿a más qué? Y estas reflexiones llevaron a primar la calidad sobre la cantidad, y siempre con una mirada lejana, a largo plazo, que es la única que entiendo que debe tener la docencia e investigación de calidad en la universidad.

En esta situación de búsqueda de lo correcto, de hacer lo que se debe, mantuve muchas conversaciones con colegas académicos y amigos, para tener su opinión, para tener su consejo, y uno de ellos, Riccardo Vannucci (véase su capítulo sobre el inodoro), me hizo ver, con su habitual contundencia intelectual, que ser catedrático no es un privilegio, sino una gran responsabilidad, pues al fin y al cabo la voz de los catedráticos, de algún modo, está legitimada socialmente para opinar sobre los asuntos que —teóricamente— conoce[14].

Muchas otras voces pueden hablar del tema que se trate, por supuesto, no hace falta ni mucho menos ser catedrático para opinar, ni para hacerlo con argumentos válidos y acertados, pero, como me recordaba Riccardo, el reconocimiento alcanzado es también una obligación moral para hablar y argumentar sobre aquello que está bien y mal.

Este sentido de responsabilidad social al alcanzar la posición de catedrático me abrumó, me asustó y me preocupó por creer que nunca podría estar a la altura de tal demanda. Por otra parte, me pareció un auténtico reto que asumía con igual ilusión que miedo a equivocarme y que se convertía en una oportunidad para devolver a la sociedad, a través de la ayuda y el consejo a otros, los conocimientos que ella había depositado en mí y gracias a los cuales había podido alcanzar este estadio profesional. No quería guardar nada para mí, sino ser útil a los demás.

Es en este contexto como ha de entenderse este ensayo.

Hace más de veinte años Javier Mata, director entonces de la Oficina de Transferencia de la Investigación de la Universidad de Navarra, me dijo: "Guardo en un cajón decenas de ilusiones que no podrán salir adelante porque no se han dado las circunstancias para que salgan adelante" (es una cita que creo bastante literal de lo que entonces me dijo). Esas circunstancias se refieren a cuestiones económicas, personales o profesionales. Una pena, ciertamente, pero las buenas ideas, además de intuición, requieren de una buena gestión para su desarrollo. Y mucho trabajo. Y mucho

---

14. "When you have a voice, you have an obligation to use that voice to empower others". VON FÜRSTENBERG, D., "On the power of a little dress", Forbes, 11 de marzo de 2023, <https://m.youtube.com/watch?v=kig4qhzxkD4>.

sudor. Y, por qué no, también un poco de suerte. Estar en el lugar adecuado en el momento adecuado.

Aquellas palabras se me quedaron grabadas, y más aún debido a que mi relación profesional con Javier comenzó al tratar de ayudar a mis alumnos a sacar adelante las disruptivas e innovadoras ideas que desarrollaban en el área de instalaciones y sistemas energéticos. Yo había conocido el mundo profesional no académico, sabía que esas ideas podían tener gran valor en las manos adecuadas, además de suponer un importante espaldarazo en las carreras profesionales de estos recién graduados. Además, el sistema mayoritariamente anglosajón de incubadoras de empresas, de creación de nuevos modelos de negocios y productos, me producía una sana y envidiable admiración. ¿Por qué no conseguirlo nosotros también aquí, en nuestra escuela de Arquitectura? Al fin y al cabo, las ideas eran extraordinarias. La respuesta es sencilla, triste y conocida: el sistema universitario español no es el anglosajón y en ocasiones parece que se quiere automutilar incluso antes de haber crecido.

Desde entonces, me he propuesto que las ideas no se queden en el cajón.

Un centro de investigación, sea público o privado, o un departamento de investigación y desarrollo de una empresa, sea grande o pequeña, debe generar un valor que revierta en el propio centro o empresa. Pero en la universidad no debe ser así. La universidad debe ser generosa en la generación y difusión de conocimiento e ideas.

Esto es lo que pretende este ensayo, reunir ideas, conceptos, posibilidades que no queremos guardar en ese imaginario cajón, sino plantearlas, desarrollarlas para que, ojalá, otros puedan continuarlas allí donde nosotros no pudimos o no supimos seguir.

Trabajo en equipo ordenado

La investigación es compleja. Investigar, es decir, adentrarse en el mundo de lo desconocido no se hace en cinco minutos ni de cualquier forma. Por otra parte, en ocasiones se rodea de un halo misterioso y mágico que tampoco se corresponde con la realidad.

Podemos decir que no es investigación aprender algo nuevo para uno mismo. Cuántas veces los estudiantes de Arquitectura, al llegar al taller para trabajar, a las prácticas, comienzan sus explicaciones diciendo: "He estado investigando en fachadas (o en estructuras o en tipos de oficinas) y he visto esto…". En realidad, esto también lo hemos escuchado en ocasiones de profesionales.

Y es cierto que la frontera entre resolver un problema complejo e investigar es difusa, pero no es menos cierto que leer unos libros, buscar en internet y encontrar resultados, por más largo que sea el proceso, no es investigar, es estudiar, es aprender, es conocer. No es investigar.

En la búsqueda de respuestas que plantea la investigación, el trabajo en equipo se revela imprescindible. ¿Se pueden alcanzar nuevas soluciones trabajando solo? Por supuesto, pero también es cierto que los genios que existen, como genios que son, son excepciones. Por ello este libro debía escribirse entre varios autores, no individualmente.

Y en el caso de la arquitectura estas relaciones son aún más intensas, pues la arquitectura, en palabras de Javier Monedero: "Es una disciplina que depende de múltiples disciplinas, por lo que no resulta fácil identificar un campo de investigación en el que se puedan hacer contribuciones que merezcan con claridad el adjetivo de 'aportaciones al conocimiento'. Menos aún si dichas aportaciones se juzgan con arreglo a los criterios científicos dominantes en la comunidad internacional que valoran principalmente las publicaciones en revistas incluidas en determinadas listas (como el 'Science Citation Index', entre otras). Listas en las que solo figuran, y en un porcentaje ínfimo, algunas que tratan de la tecnología de la edificación"[15].

Como está comprobando el lector con estos párrafos, este es un libro de lo que todavía no ha sido, pero soñamos que sea, en el ámbito de las instalaciones y los sistemas energéticos en la arquitectura y el urbanismo. No es este, ni mucho menos, un libro técnico sobre lo que supone hacer investigación y, de hecho, las serendipias sucedidas estos años ocupan un lugar relevante. Sobre las serendipias quisiera incidir en dos aspectos. Siempre se producen mientras se está trabajando, son encuentros casuales producidos bajo el paraguas del sudor y la profesionalidad de quien, con perseverancia, continúa trabajando, pues cree con firmeza en la intuición de su búsqueda. En segundo lugar, requieren de un ojo entrenado y crítico, para saber que ese fracaso para nuestra tarea primaria en ese mo-

---

15. MONEDERO, J., *Enseñanza y práctica profesional de la arquitectura en Europa y Estados Unidos,* vol. 6: *Unión Europea,* Col·legi d'Arquitectes de Catalunya, Barcelona, 2002, p. 257.

mento tiene un potencial que no sabemos valorar todavía para otras cuestiones.

Volviendo al ensayo, se trata este de un libro coral, escrito por distintas personas, en distintos momentos personales, en diferentes situaciones profesionales y, por tanto, de difícil homogeneización. Comentando este problema con una de las coautoras, Esperanza Marrodán, me dijo que el orden en que se contaban estas ideas ya era importante en sí mismo. Al fin y al cabo, ¿cómo se ordenan los sueños? Era necesaria, pues, una "capa" intelectual complementaria que permitiera hilvanar con lógica el relato de tantos y tan diversos autores.

Por esta razón se ha estructurado el libro en cuatro secciones: "Biomímesis", "Técnica y tecnología", "Complejidad" y una que me he atrevido a denominar "De carácter reflexivo".

La primera, "Biomímesis", se refiere a un modo de concebir la investigación que comenzamos miembros de varios departamentos de la Universidad de Navarra en 2014 y que nos apasiona. No somos los primeros, ni mucho menos, pero sí que en ella se plantean algunas cuestiones que no hemos encontrado en otros grupos de investigación.

En la sección de "Técnica y tecnología" se agrupan, simplificando enormemente, retos de carácter aplicado a las instalaciones y sistemas energéticos que conforman nuestros edificios y ciudades.

"Complejidad" reúne una serie de proyectos que han requerido ser planteados de una forma inusual, apelando en ciertos casos incluso a la suerte de estar, o no, en el momento preciso con el comentario adecuado.

La última sección, "De carácter reflexivo", se refiere a planteamientos que no tengo claro donde nos llevarían, sobre los que hemos hablado y discutido en el pasado y que creemos necesarios para el futuro.

Los criterios para que un texto esté en una u otra sección son, cuanto menos, grises, no blancos o negros. Varias de las ideas nacidas bajo el concepto de biomímesis están en las otras secciones. Casi todos los capítulos se refieren a la técnica y la tecnología, pues esos son, al fin y al cabo, nuestros antecedentes. Todos son complejos en su desarrollo. Y todos requieren de reflexión para concebirlos, desarrollarlos y materializarlos.

Para acabar este capítulo, creo oportuno hablar del tono y longitud escogidos para este ensayo. Cuando comencé a plantearlo, una de mis primeras conversaciones fue con Ignacio López-Goñi, microbiólogo que se ha convertido en un referente en lo que a difusión de ciencia en español se refiere. Fue él quien me aconsejó hacer los relatos con una longitud cuya lectura no dure más de siete u ocho minutos.

Creo que esta concepción de longitud limitada es útil para entender el planteamiento del libro, ya que no se pretende dar lecciones de nada, ni sentar cátedra. Se pretende ilusionar. Y la ilusión ha de ofrecerse en sorbos cortos, dado que, como dice una castiza expresión, "Lo poco gusta y lo mucho cansa".

En todo momento el objetivo de este ensayo ha sido provocar intelectualmente con ciertos retos, para con ello generar ilusión por la ciencia. Como gran parte del conocimiento que han tratado de transmitir los autores tuvo su origen en lecturas profesionales y personales, solicité a cada autor que diera algunas referencias que a él o a ella le hubieran marcado en su devenir como profesional o investigadora o académico.

El recorrido bibliográfico es variado, de capítulos de libro y libros a revistas e incluso vídeos de internet. Por supuesto, cubre todo tipo de sensibilidades y áreas de conocimiento, así que aquí he creído mejor no agruparlos por temas, sino conforme a los autores que los han propuesto, para que ese investigador joven o esa responsable de I+D de una empresa o simplemente alguien con inquietudes que haya llegado hasta aquí pueda elegir diferentes lecturas (o visualizaciones de vídeos) que le estimulen e ilusionen para enfrentarse a los retos de futuro[16].

16. Varias de las publicaciones son obras conocidas y reconocidas por su calidad. Los detalles bibliográficos se refieren a los enviados por los autores, aunque seguramente existan otras ediciones en diferentes formatos e idiomas.

Biomímesis

Pulpo

Con Arturo Ariño

Doctor en Biología. Universidad de Navarra, Instituto de Investigación en Biología y Medioambiente (BIOMA).

La biomímesis, que no el biomorfismo, se ha convertido en una herramienta clave en mi investigación académica en los últimos años. Mi resolución de los problemas de investigación ya pasa siempre por estudiar como mínimo los parámetros biomiméticos cercanos y, siempre que se puede, aplicarlos.

Tan importante es para mí que se ha constituido en la primera sección de este ensayo. Pero esta forma de entender la investigación aplicada a la arquitectura hubiera sido imposible sin biólogos.

Sucede que en la Universidad de Navarra tenemos no pocos grados: Administración y Dirección de Empresas, Arquitectura, Bioquímica, varios grados relacionados con Comunicación Audiovisual, Derecho, Diseño, varios grados relacionados con Educación, Enfermería, Farmacia, Filosofía, Gestión Aplicada, varios grados en Ingeniería, Historia, Lengua y Literatura, Medicina, Nutrición Humana y Dietética, Psicología, Química, Relaciones Internacionales y Teología. Tenemos dos grados más, en Ciencias Ambientales y Biología. Y ahí es donde entran los biólogos y el trabajo que empezamos a hacer con ellos hace años.

Se trata, por tanto, de un caldo de cultivo variado, donde se reúnen humanidades y ciencias y que me fascina, pues todavía no he encontrado una duda para la que no exista alguien que me puede dar una respuesta inicial de calidad. Supongo que eso también es Universidad. Con mayúscula.

Todo esto, por una parte. Por otra, tenemos la narración de estos capítulos, pensados para ser escritos a cuatro manos como diálogo entre los autores. Menos algunos capítulos, como este.

Cuando le solicité el texto a Arturo para comenzar esta sección, recibí un texto "100 % Ariño", que une ironía, humor inglés, inteligencia y que siempre hace pensar. Lo transcribo tal cual (menos una palabra):

En 1978, con diecisiete años, suspendí el primer examen de Bioquímica. Abandonar segundo de Biología y pasarme a Arquitectura, un sueño inconcluso aún hoy presente, era una dulce sirena que no dejó de cantar durante el resto de la carrera.

Tres años después, con cien planos absurdos entre apuntes de Botánica y la cabeza revuelta por la mili a plazos, un buen amigo me trajo un ensayo que le acababan de publicar en Nueva Dimensión, aquella improbable revista española de ciencia ficción de poca tirada y mucha sustancia. Se titulaba "Sobre casas vivas y otras zarandajas"[17]. Carlos, un genio al que aún pagan por pensar, ideó, desarrolló y argumentó con solidez el concepto de la casa ideal para biólogos en ejercicio y arquitectos diletantes: una casa no construida, sino plantada. Una casa crecida de tejido vivo, educada como un antibonsái, en la que sus pacientes moradores podrían decidir o mutar su aspecto en función de las nuevas necesidades: una nueva leonera para los nuevos gemelos, una vieja ventana al oeste ensanchada para los viejos padres… simplemente convenciendo a la casa de que creciera, brotara o se doblara en esa dirección.

17. LONGO, C., "Sobre casas vivas y otras zarandajas", en *Nueva Dimensión*, 1981, núm. 136, pp. 125-141.

Muchas décadas después sigo pensando en aquella casa viva que aún no existe, y me convenzo más de que lo hará. No sé si su aspecto será alguno soñado por Gaudí[18], dibujado por Giger[19] o plasmado por Aalto[20], pero quizás no ande lejos. Carlos no pensaba en que una casa viva pudiera de forma natural adquirir el aspecto de la que solía salir de un tecnígrafo (qué antiguo me suena eso ya), pero sin duda tenía presente que las geometrías que hace cien años describía D'Arcy Thompson en su seminal ensayo Sobre el crecimiento y la forma[21] eran matemáticas solidificadas por seres vivos. Ellos han tenido tres mil millones de años para probar funciones asociadas a formas y descartar las que no sirven, a través de la evolución y la selección natural. Mirad alrededor, entre el edificio natural de un bosque: lo que veis ha superado billones de pruebas para llegar a ser como es.

Desperdiciar la capacidad que tiene la naturaleza de conjugar funciones con sus formas orgánicas, ignorar las soluciones que los organismos aportan a mil ataques a su supervivencia, obviar que los ecosistemas son la mejor resultante posible de millones de interacciones, parámetros o condiciones de contorno se me antoja un disparate.

Quizás, si miramos bien en los diseños naturales, encontremos mejores funciones para un mundo artificial. Por eso creo que investigar en cómo los ensayos que ha hecho el mundo natural para solucionar problemas de todo tipo no es una mala inversión, sino

---

18. KIM, S., YOON, J., y CHO, K., "A study on organic architecture characteristics in works of Gaudi and Hundertwasser", en *Journal of Korea Institute of Spatial Design*, 2015, vol. 10, núm. 6, pp. 23-32.

19. GIGER, H. R., *HR Giger ARh+*, Taschen, Colonia, 2022.

20. NIEMI, S., *Biomimicry in Architecture*, Aalto University, Espoo, 2017.

21. THOMPSON, D'A. W., *On Growth and Form*, Cambridge University Press, Cambridge (Reino Unido), 1917, versión en castellano: *Sobre el crecimiento y la forma*, Blume, Madrid, 1980.

todo lo contrario. Creo que la biomímesis[22], más allá de proporcionar una estética que no es tan nueva, pero sigue siendo atractiva, no puede quedarse en simples decorados, por fantásticos que sean en Rivendel. Ha de servir para que vayamos dejando atrás nuestro divorcio del mundo natural, que solo se sostiene consumiendo una energía que no tenemos y unos recursos que ya no nos podemos permitir. Recuperar nuestra conexión natural, una obligación ética de la que quizás nadie mejor que Aldo Leopold haya hablado en Almanaque de un condado arenoso[23], nos puede abrir los ojos a nuevas soluciones para viejos problemas.

Carlos también propuso una vez, cuando estudiábamos Fisiología, conectar el sistema nervioso de un pulpo a un descodificador analógico con los microelectrodos de vidrio que fabricábamos en una forja. En estos moluscos, a cada cromatóforo de su superficie le llega un nervio exclusivo. Le parecía fascinante la idea de poder ver un día la tele en la piel de un pulpo.

Pero esa era una investigación soñada que no debía ser, y no fue. Hace ya tres años aceptamos al pulpo como animal de compañía, por lo que el pulpo nos enseñó[24].

---

22. El texto recibido de Arturo Ariño utilizaba el término *biomorfismo*. No obstante, yo entiendo el biomorfismo como una parte de la biomímesis, y opino que es la biomímesis la materia que supone un reto total para su aplicación en distintas áreas de conocimiento.

23. LEOPOLD, A., *A Sand County Almanac with Essays on Conservation from Round River* [1949], Ballantine Books, Nueva York, 1970, versión en castellano: *Equilibrio ecológico. Almanaque de un condado arenoso*, Gernika, Ciudad de México, 1986.

24. EHRLICH, P., y REED, J., *My Octopus Teacher* (documental en Netflix ganador del Óscar de la Academia y del Premio LabMeCrazy), <https://seachangeproject.com/my-octopus-teacher/> (consulta: 19 de abril de 2021).

Lecturas recomendadas

BADARNAH, L., *Towards the Living Envelope: Biomimetics for Building Envelope Adaptation*, tesis doctoral, 2012.

GIRALT-MIRACLE, D., CAPELLA, J., y LARREA, Q. (eds.), *Diseño industrial en España*, Ministerio de Educación y Cultura, Madrid, 1998.

Raya

Con Rafael Miranda
Doctor en Biología. Universidad de Navarra, Instituto de Investigación en Biología y Medioambiente (BIOMA).

En el año 2013 se publicaron unas convocatorias del denominado entonces Ministerio de Economía y Competitividad de España de proyectos de investigación tituladas "Explora ciencia" y "Explora tecnología". Estos programas de proyectos buscaban "promover la curiosidad científica y la osadía intelectual en investigación fundamental y aplicada" y "propuestas de investigación imaginativas y radicales cuya viabilidad científica pudiera ser considerada baja en programas convencionales, porque chocan con ideas ortodoxas en su campo, y también propuestas tecnológicas arriesgadas, que buscan una prueba de concepto y que, en ambos casos, no se conseguirían financiar por las vías habituales". De hecho, literalmente, las bases del programa decían: "Atrévete a descubrir. Atrévete a equivocarte".

Es interesante señalar que la convocatoria insistía en este punto: "Que una propuesta sea interdisciplinaria o transdisciplinaria no significa que sea heterodoxa y/o radical. Explora no busca proyectos necesariamente interdisciplinarios o transdisciplinarios, sino propuestas intelectualmente arriesgadas. Tampoco un proyecto de temática rara o inusual es necesariamente una buena propuesta Explora".

La propuesta nos entusiasmó. Es cierto que la convocatoria buscaba ideas arriesgadas, pero hacía falta un sustrato intelectual, y además, aunque consiguiéramos la financiación, el dinero no era mucho, y tan solo había un año para desarrollar el proyecto.

…

Debo recordar aquí al gran maestro navarro de la arquitectura española Francisco Javier Sáenz de Oíza. Su obra culmen, en mi opinión, fue la sede del Banco de Bilbao en Madrid, finalizada en 1978. Analicé este edificio en mi tesis doctoral, y al hacerlo, casi sin querer, generamos el siguiente plano con los conductos de aire acondicionado:

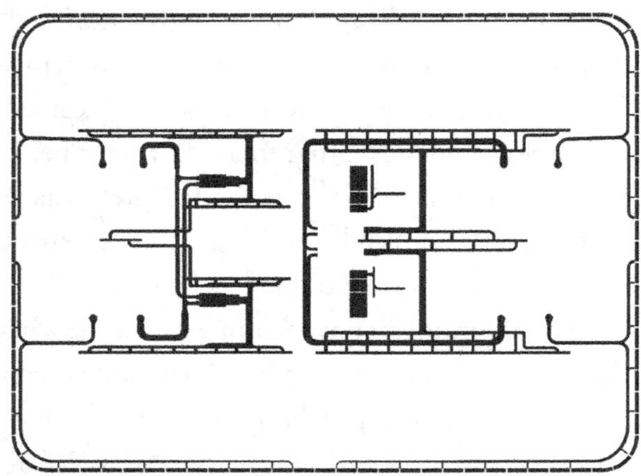

Figura 2. Abstracción de la red de aire acondicionado en una planta tipo de la sede del Banco de Bilbao en Madrid (1978). Dibujo elaborado por Laura Elvira Tejedor.

No sé qué pensará el lector, pero a mí me recuerda a la morfología de un insecto. Se trata de una imagen que tenía grabada en mi memoria, supongo que más por intuición mecánica que por conocimiento sobre los insectos y, cuando llegó esta convocatoria del Ministerio, una serie de arquitectos y biólogos nos decidimos a presentar un proyecto titulado "Rediseño de la integración de energía en edificios a partir de metabolismos animales" (RiMA) y cuyo resumen era el siguiente:

En términos de acondicionamiento higrotérmico, como generalidad, puede decirse que en los edificios se pretende mantener una temperatura constante, igual que el ser humano, igual que los animales denominados de forma genérica de "sangre caliente".

Y, como en el caso de estos, en los edificios es necesario introducir una energía que se transforma con un rendimiento no siempre elevado.

Pero ¿cabría diseñar el comportamiento energético de los edificios como si se tratase de animales de "sangre fría"? Esta es la pregunta que busca responder este proyecto.

La respuesta proporcionaría estrategias innovadoras con las que enfrentarse al diseño de edificios complejos, como los de carácter industrial, hospitalario, super-tall buildings, mixed-used... *De este modo, en la combinación de tipo edificatorio y uso previsto, se podría hacer uso de nuevas herramientas de diseño que permitiesen la ejecución de edificios altamente eficientes, con modelos más cercanos a la optimización energética que ofrece la naturaleza.*

Es decir, buscábamos diseñar las instalaciones de calefacción y refrigeración de los edificios basándonos en serpientes y no en mamíferos.

El proyecto fue concedido en septiembre de 2014 y creo recordar que gastamos el 95 % del presupuesto en contratar a dos investigadores jóvenes (quizás por ello se atrevieron con el proyecto, por ser jóvenes). Es decir, se dedicó la financiación a contratar talento, y el otro 5 % a algunos modelos y prototipos.

¡Qué meses tan inesperados y maravillosos de trabajo entre arquitectos y biólogos!

Lo primero que hicimos fue una base de datos sobre el comportamiento térmico de diferentes seres vivos. Era, es, sencillamente increíble el conocimiento que tienen nuestros compañeros biólogos de estas cuestiones. Fueron muchas las conversaciones que mantuvimos, pues ellos no terminaban de entender cómo el comportamiento de una determinada iguana, el elefante africano o la inteligencia descentralizada de las abejas podían aplicarse a las instalaciones de un edificio.

Nosotros, al principio, tampoco, pero también es cierto que los resultados, tremendamente ilusionantes, no tardaron en llegar. Supongo que eso es la investigación: explorar, intuir, encontrar, comprender y aplicar.

Desde entonces, aquel modesto proyecto ha constituido el detonante intelectual de otros muchos. Tenemos los cajones imaginarios de los que hablábamos antes, las memorias de los ordenadores de forma práctica, llenos de ideas, de posibilidades, como el de estudiar la lamprea, uno de los  animales más antiguos sin modificaciones, con una morfología de más de trescientos millones de años de antigüedad.

De todas aquellas posibilidades, este capítulo lo centramos en las rayas.

Las rayas son unos animales apasionantes. Se mueven sigilosas, con ese aire misterioso. Se distinguen de los tiburones por su forma aplanada y la disposición ventral de sus hendiduras branquiales, entre otras sutilezas. Las vemos mover con parsimonia sus extensas aletas, mientras sus branquias se agitan rítmicamente facilitando su respiración. Se distribuyen por todo el mundo y han aprendido a explotar una gran cantidad de recursos y de ecosistemas acuáticos. Están marcadas por un éxito evolutivo que les ha permitido sobrevivir hasta nuestros días.

Entre ellas destaca la mantarraya *Mobula birostris* (Walbaum, 1792), la raya de mayor tamaño, que se desplaza majestuosamente por las aguas de los océanos de todo el mundo con ese deslizar ingrávido que ha maravillado a muchas culturas. Se caracteriza además por la forma peculiar de su boca, que facilita a modo de embudo la ingesta de su alimento, el plancton. Este plancton lo compone el conjunto de microorganismos que flotan errantes en las aguas de los océanos de todo el mundo. Es el alimento de muchos, como ballenas, moluscos, crustáceos y peces, entre los que se encuentran las mantarrayas. Son las hendiduras branquiales de las mantarrayas las que filtran ese plancton y permiten su alimentación.

Pues bien, el gran reto en el desarrollo de los filtros es conseguir que, manteniendo una alta selectividad de las partículas que filtran, no se obstruyan debido a la acumulación de partículas. Este es el mismo problema con el que se encontraron los ancestros de las mantarrayas. Había que comer, el plancton era y es un maravilloso recurso alimenticio, y había que buscar la manera de conseguir ese recurso sin sufrir continuos ataques de tos por la obstrucción de las vías respiratorias. Las mantarrayas lo consiguieron.

Estos majestuosos peces presentan un sistema único y superespecializado para filtrar el plancton. Digamos que son unas expertas en dinámica de fluidos y han aprendido a usarla. Los arcos branquiales de las mantarrayas presentan unos lóbulos en forma de alas que hacen que el plancton rebote (literalmente) y así se dirija hacia el interior del tracto digestivo de la raya, impidiendo su acumulación en las hendiduras branquiales. Las partículas más pequeñas y el agua, evidentemente, pasan por las branquias y son liberadas nuevamente a la inmensidad del océano.

Esta capacidad filtradora de las hendiduras branquiales de las mantarrayas ha alimentado la imaginación de los más creativos y ha suscitado propuestas realmente interesantes. Más de uno ha visto en las branquias de las mantarrayas un modelo excelente para desarrollar filtros de microplásticos, uno de esos grandes problemas que nuestra actividad industrial ha generado. Pero son otras muchas las posibilidades de este sistema. Por ejemplo, las aplicaciones en el mundo de la medicina son incontables, como la posibilidad de filtrar eficientemente células cancerígenas o tóxicos específicos.

En el caso de los filtros de aire las aplicaciones son muchas, pues el desarrollo de dispositivos que imiten el sistema de filtrado de las mantarrayas abriría las puertas a sistemas más eficientes, con una gran capacidad para soportar flujos elevados manteniendo una estricta selección de las micropartículas que queremos filtrar.

Lecturas recomendadas

CLARK, A. S., y SAN-MIGUEL, A, "A bioinspired, passive microfluidic lobe filtration system", en *Lab on a Chip*, 2021, vol. 21, núm. 19, pp. 3762-3774.

DIVI, R. V., *et al.*, "Manta rays feed using ricochet separation, a novel nonclogging filtration mechanism", en *Science Advances*, 2018, vol. 4, núm. 9.

HAMANN, L., y BLANKE, A., "Suspension feeders: diversity, principles of particle separation and biomimetic potential", en *Journal of the Royal Society Interface*, 2022, vol. 19, núm. 186.

ZHANG, X., *et al.*, "Recent advances in nature-inspired antifouling membranes for water purification", en *Chemical Engineering Journal*, 2022, vol. 432.

Traqueolas

Con Enrique Baquero

Profesor titular de Zoología y Ecología. Universidad de Navarra, Instituto de Investigación en Biología y Medioambiente (BIOMA).

En el año 2000 comencé a trabajar en una oficina de ingeniería de Pamplona, Iturralde y Sagüés Ingenieros, donde tuve la fortuna de tener su confianza para colaborar en proyectos de instalaciones y energía en edificios grandes y complejos. Acababa de terminar la carrera y era un arquitecto en un entorno de ingenieros, algo exótico cuando venían las visitas: se enseñaban las oficinas, se presentaba al equipo y, además, "aquí un arquitecto". Constituyó mi primera aproximación al trabajo entre disciplinas, entre arquitectura e ingeniería, en este caso. Ciertamente, los ingenieros sabían más que los arquitectos de ventiladores, potencias nominales o pérdidas de carga, pero también me di cuenta de que había ciertas carencias, formales y estéticas, a veces también funcionales, en su forma de integrar todas las infraestructuras que se requieren en los edificios. Una tierra de nadie que parecía un terreno inexplorado.

Por otra parte, en aquellos años tuve oportunidad de comenzar como profesor asociado en la Escuela de Arquitectura, manteniéndome vinculado al mundo académico mientras trabajaba, por lo que la posibilidad de redactar la tesis doctoral vino de forma natural: ¿por qué las instalaciones de los edificios se hacen como se hacen?, ¿cuánto ocupan?, ¿cómo se harán en el futuro?

Eran entonces preguntas interesantes para mí que creía que podrían constituir el inicio de una tesis doctoral. En todo caso, todavía eran demasiado amplias para plantearse tal proceso académico. Había que acotar. Le pregunté a José Manuel Pozo, quien a la postre sería mi director de tesis doctoral, y decidimos centrarnos en las instalaciones que más ocupan. Puede que no sean las más importantes, pero sí las que más condicionan el espacio arquitectónico: las instalaciones de aire acondicionado.

En estas instalaciones, que constituyen una maraña de conductos y tuberías compleja en ocasiones, complicada en otras, cautivadora siempre, también han de tenerse en cuenta las entradas y salidas de aire a las máquinas que tratan dicho aire, y así, cuando en 2014 comenzamos a trabajar con biólogos en el contexto del proyecto RiMA, una de las cuestiones sobre las que se discutió fueron las traqueolas que tienen los insectos.

El sistema traqueal consiste en una red de tubos que se ramifican repetidamente desde una primera dimensión de grosor, denominada tráquea, hasta la unidad más pequeña, la traqueola. Este final del sistema ramificado no está abierto, sino compuesto de células individuales (de 0,2 a 0,5 µm de diámetro), que proporcionan una interfase fina y húmeda que sirve para el intercambio de gases entre el aire exterior y la célula próxima. Como en cualquier sistema respiratorio, el oxígeno llega entonces al citoplasma de la célula mientras el dióxido de carbono circula en sentido contrario, saliendo de la célula y recorriendo hacia el exterior el sistema traqueal. Este sistema solo es compartido por los onicóforos, arácnidos, miriápodos e insectos[25].

Se ha propuesto que es un sistema respiratorio que supone una limitación para el tamaño del cuerpo de los animales. Solo cuan-

---

25. El texto menciona, sobre todo, lo que ocurre en los insectos, porque son los más estudiados.

do la concentración de oxígeno ha sido mayor en la tierra, hace muchos miles de años, los animales que respiran con tráqueas han podido ser mayores.

La salida al exterior de esta red de tubos se produce a través de los espiráculos, que, en ocasiones, tienen válvulas que se abren y cierran gracias a contracciones musculares (la contracción cierra el espiráculo). La principal razón de su existencia es evitar la pérdida de agua desde el interior del animal. A veces la abertura está rodeada de pelos o espinas que evitan la entrada de polvo —o de parásitos—, además de reducir la pérdida de agua. Puede haber hasta veinte espiráculos por animal.

En los animales pequeños la entrada y salida del aire que lleva el oxígeno (y el dióxido de carbono) se produce de forma pasiva. Pero en los más grandes puede verse facilitada por contracciones musculares del abdomen (que es donde normalmente se abren al exterior los espiráculos) en combinación con la acción de las válvulas.

La estructura de los tubos, con la excepción de las partes más finas, está reforzada con tenidios (*ctenidia* en inglés), que son unas largas estructuras rígidas que se disponen en el exterior como si fueran muelles (enroscados en espiral). Su función es permitir doblarse al tubo y evitar su colapso. En algunas zonas los tubos no tienen tenidios, por lo que pueden expandirse en forma de globo para almacenar gran cantidad de aire. Esto es frecuente en animales que viven en ambientes secos, pues de este modo pueden cerrar los espiráculos para evitar pérdida de agua, pero a la vez mantener el suministro de oxígeno. También ocurre en insectos acuáticos que se sumergen tras cerrar los espiráculos. Se propone que estos sacos pueden contribuir además a facilitar el vuelo al disminuir la densidad del cuerpo del animal. Las tráqueas, los tubos más externos y grandes, impiden la difusión de oxígeno a través de sus paredes, pero, como el dióxido de carbono se difunde más fácil que el oxígeno, sí que puede salir del sistema a través de ellas.

La red traqueal es muy diferente en distintos insectos: en la mayoría no hay espiráculos en la cabeza y las tráqueas se extienden hacia adelante para abastecer los tejidos de la cabeza; pasa lo mismo en dirección al décimo segmento abdominal. Las patas, antenas y alas también carecen de espiráculos: tienen tráqueas largas que se extienden desde el espiráculo del segmento más relacionado con ellas. Las antenas, patas y alas tienen estructuras pulsátiles que bombean hemolinfa, y esto ayuda a hacer circular el aire a través de esas tráqueas.

Las paredes de las traqueolas son capaces de transportar oxígeno por difusión a altas velocidades porque son muy delgadas (hasta 0,1 µm) y tienen una relación de superficie a volumen muy grande. Por lo tanto, son el principal lugar de intercambio de gases entre los tejidos y el propio sistema traqueal. La mayoría de las traqueolas se encuentran fuera de las células del cuerpo del insecto, pero en algunos cortes histológicos parecen estar "dentro de las células", particularmente en el músculo de vuelo. Se cree que estas traqueolas penetran en el músculo volador a través de los pliegues de la membrana plasmática del músculo, por lo que en realidad son extracelulares. Como ejemplo de eficacia: gracias a la alta ramificación de las traqueolas —y a su penetración en las células de los músculos de vuelo— los insectos voladores alcanzan unas tasas de consumo de oxígeno que se encuentran entre las más altas del reino animal.

Respecto a su desarrollo, hay que precisar que el tamaño del sistema traqueal aumenta con la edad del animal (en cada muda), pues un animal más grande tiene mayor necesidad de intercambio de gases. Durante las mudas, el revestimiento cuticular de la tráquea (no de la traqueola) se extrae del espiráculo con el antiguo tegumento. Las traqueolas pueden cambiar de estructura dentro de un estadio (entre muda y muda). En caso de lesión, las traqueolas locales crecen y se ramifican más, pero si no hay traqueolas funcionales cerca, o no hay traqueolas, los tejidos dañados producen hilos citoplásmicos que se extienden hacia las traqueolas sanas y se adhieren a ellas. Posteriormente, estos hilos se contraen arrastrando la traqueola y su respectiva tráquea a la región del tejido deficiente en oxígeno.

Tanto las traqueolas como las tráqueas están llenas de líquido en los insectos recién nacidos, y el líquido llena el espacio entre la tráquea vieja y la nueva en cada muda. Este líquido se reemplaza por gas poco después de la eclosión o de la muda. Se piensa que esta sustitución se produce por reabsorción del líquido por los tejidos y su reemplazo por aire llegado desde el espiráculo, que debe estar abierto. Como se observa, el aire limpio y el exhalado comparten la misma red de conductos. Pero en los edificios se duplica para tener conductos de impulsión y retorno. Entonces ¿podrían eliminarse las redes de conductos?

Tras la lectura de este capítulo, puede comprobarse que este proceso intelectual que planteamos no se basa en tener "ideas felices", ideas que surgen mientras se está delante del espejo lavándose los dientes. Es necesaria una profunda base de conocimiento, en este caso aportada por los biólogos, que alimente las inquietudes de quienes necesitan resolver un problema, una pregunta. Al fin y al cabo, si buscamos resultados distintos, no hemos de hacer siempre lo mismo.

Lecturas recomendadas

BRITANNICA, *Trachea*, <https://www.britannica.com/science/trachea> (consulta: 2 de enero de 2014).

DITTRICH, K., y WIPFLER, B., "A review of the hexapod tracheal system with a focus on the apterygote groups", en *Arthropod Structure & Development*, 2021, núm. 63.

GAULD, I., y BOLTON, B. (eds.), *The Hymenoptera*, British Museum (Natural History) y Oxford University Press, Londres y Oxford, 1988.

HAMILTON, A. J., "Species diversity or biodiversity?", en *Journal of Environmental Management*, 2005, vol. 75, núm. 1, pp. 89-92.

HAYASHI, S., y KONDO, T., "Development and function of the Drosophila tracheal system", en *Genetics*, 2018, vol. 209, núm. 2, pp. 367-380.

MORA, C., *et al.*, "How many species are there on earth and in the ocean?", en *PLoS Biol*, 2011, vol. 9, núm. 8.

Pulmón

Con Marcos Llorente Ortega
*Ingeniero biomédico y doctor en investigación médica
aplicada por la Universidad de Navarra.*

Hablar de cuestiones técnicas y tecnológicas requiere de precisión. No es lo mismo decir "aire acondicionado" que "acondicionamiento higrotérmico", decir "calderas" que "central de producción de calor". El uso de un lenguaje preciso entre profesionales disminuye las posibilidades de errores. No es lo mismo un climatizador que una unidad de tratamiento de aire.

En este capítulo planteamos nuevos tipos de unidades de tratamiento de aire basadas en la observación de los pulmones.

La unidad de tratamiento de aire hace lo que su nombre indica: tratar el aire. Lo prefiltra, filtra, calienta, enfría, humidifica, deseca o recupera el calor contenido en el aire en función de las necesidades del local al que sirve. Puede comprenderse, por tanto, por qué estas máquinas pasaron a ser fundamentales durante la pandemia del COVID-19, cuando la calidad del aire era una premisa *sine qua non*, y más aún en edificios de pública concurrencia.

Cuando hablamos de instalaciones de acondicionamiento higrotérmico en edificios, dos son las cuestiones principales que creo que los estudiantes de Arquitectura deben recordar como conceptos:

- Estas instalaciones tienen componentes móviles, por lo que hacen ruido. Y, como hacen ruido, es necesario ubicarlas en espacios adecuados para evitar contaminación acústica.
- Estas instalaciones tienen componentes móviles, por lo que antes o después se estropearán. Por tanto, es necesario prever mecanismos para que su mantenimiento y sustitución se lleven a cabo sin desmantelar el edificio. Como dicen Fumadó y Paricio, "solo el orden general del proyecto y la generosidad de la previsión de espacios son valores duraderos"[26].

Pasemos ahora a pensar en el siguiente paralelismo: Los edificios tienen en su interior amplias redes de tuberías de agua (agua de consumo, agua calentada para duchas y climatización, agua enfriada). El agua no se mueve porque sí, su tendencia es a quedarse quieta si nada provoca ese movimiento, y para que se mueva se necesitan bombas de consumo eléctrico, con motores evolucionados a lo largo de muchas décadas que mueven constantemente el agua y hacen ruido.

¿Les recuerda a algo? Para nosotros, en nuestra metodología de investigación, una bomba es como el corazón del ser humano. Los latidos de nuestro corazón se pueden escuchar alrededor de la sexta semana de gestación y será así durante los siguientes… ¿cincuenta, sesenta, setenta… cien años? Pero en realidad no es igual, pues las bombas creadas por el hombre duran menos y necesitan más mantenimiento.

Como simplificación, puede decirse que las bombas de agua son máquinas que cuentan con un motor que hace rotar un impulsor, que es básicamente una rueda con aspas que está sumergi-

26. FUMADÓ, J. L., y PARICIO, I., *El tendido de las instalaciones*, Bisagra, Barcelona, 1999, p. 25.

da y en continuo movimiento, provocando el desplazamiento del agua desde un sitio hasta otro.

Pero ¿por qué movemos fluidos con ruedas con aspas y no con superficies y membranas accionadas por estímulos eléctricos, como nuestro corazón? Es este punto al que queríamos llegar, pues una bomba de caudales "convencionales" no suele ser mayor que un mueble aparador, por poner una referencia sencilla. Sin embargo, una unidad de tratamiento de aire puede tener dimensiones en X, Y y Z de metros, no de centímetros.

Entonces ¿sería posible crear nuevos tipos de unidades de tratamiento de aire que sustituyeran los ventiladores para mover el caudal de aire por membranas accionadas de forma similar a los pulmones? Pues como tantas otras cosas en este libro, no lo sabemos.

Trasladé el reto a Marcos Llorente: "Si te dicen que vamos a reinventar las unidades de tratamiento de aire partiendo de un pulmón, ¿qué se te ocurre?", y, como buen ingeniero biomédico, cauto al principio, metodológico en el proceso y preciso al final, fue esto lo que contestó:

Los pulmones humanos son un sistema muy complejo con una estructura ramificada compuesta por millones de alvéolos, lo que aumenta la eficiencia del intercambio gaseoso. En ese sentido, se podría explorar la posibilidad de diseñar las unidades de tratamiento de aire de manera modular y flexible, con componentes interconectados que pudieran adaptarse a las necesidades específicas del edificio y de los ocupantes. Habría que conectarlas a unos sistemas de reparto y colección de aire optimizados para mover el aire de la manera más eficiente posible desde el exterior hasta las unidades de tratamiento de aire, como lo hacen la tráquea, los bronquios y los bronquiolos. En el exterior se mantendría un punto de filtrado e intercambio de calor con una función similar a la de la nariz.

Con un diseño modular y flexible de las unidades de tratamiento de aire sería viable adaptar y personalizar el sistema de climatización para optimizar el confort y la eficiencia energética del edificio. Por ejemplo, se podrían incorporar diferentes tipos de unidades de filtración de acuerdo con los niveles de contaminantes presentes en el aire exterior, como filtros de partículas finas, filtros de carbón activado para gases y olores, y filtros de alta eficiencia para microorganismos. Además, se podrían utilizar intercambiadores de calor modulares y de alta eficiencia para que la transferencia de calor entre el aire de entrada y el aire de salida fuera más efectiva, reduciendo la carga energética del sistema.

Además, un diseño modular y flexible de las unidades de tratamiento de aire permitiría su adaptación a diferentes tamaños de edificios y necesidades de ocupación o tamaño de las estancias. Por ejemplo, se podrían utilizar módulos de unidades de tratamiento de aire de diferentes capacidades que pudieran ser combinados o desmontados en función del tamaño del edificio o la variabilidad de la ocupación. Esto incrementaría la eficiencia en el uso del espacio y la flexibilidad en la adaptación del sistema a las necesidades cambiantes del edificio a lo largo del tiempo.

El enfoque de diseño modular contribuiría a mejorar la similitud con el sistema respiratorio humano, que se caracteriza por su capacidad de adaptación y flexibilidad para funcionar eficientemente en distintas condiciones ambientales y necesidades del organismo.

Este pensamiento lleva a preguntarse si podrían sustituirse los ventiladores de las unidades de tratamiento de aire por un sistema de presión-descompresión del aire por membranas, por sistemas piezoeléctricos, si en tal caso aumentaría el consumo eléctrico o disminuiría, qué sucedería con el ruido, o si pasarían a ocupar más espacio o menos que las actuales unidades de tratamiento de aire en los edificios. Es decir, se busca analizar cómo la reducción del número de componentes móviles por semejanza a los seres vivos puede favorecer la longevidad de los equipos y reducir los procesos de mantenimiento.

Obsérvese que, simplificando, en los edificios tenemos una unidad de tratamiento de aire con una red de conductos de impulsión y otra red de conductos de retorno. Pero en el cuerpo humano hay una única red de conductos y dos "unidades de tratamiento de aire-pulmones".

La experiencia en estos años es que estas simplificaciones pueden ser fáciles de rebatir, pues, al fin y al cabo, "se hace así porque es lo más eficiente y lo otro es pura elucubración". Pero siempre respondo de la misma forma, en una respuesta que se podría repetir al final de cada uno de los capítulos que constituyen este libro: ¿qué perdemos explorando esta vía?

Los que conozcan estas tecnologías, tal vez estén pensando en los pros y contras de este sistema en un edificio de oficinas convencional, donde la solución de una unidad de tratamiento de aire con sus conductos de impulsión y retorno ha sido probada y comprobada durante décadas. Pero esta exploración nos podría llevar a un nuevo sistema de aire acondicionado en oficinas o, por qué no, a un sistema alternativo de ventilación para minas subterráneas, granjas de animales o sistemas de ventilación de alta precisión para laboratorios.

Lecturas recomendadas

NETTER, F. H., *Atlas de anatomía humana*, Masson, Ámsterdam y Barcelona, 1996.
PRACTICAL ENGINEERING, <https://www.youtube.com/@PracticalEngineeringChannel> (consulta: 17 de enero de 2024).
REAL ENGINEERING, <https://www.youtube.com/@RealEngineering/videos> (consulta: 17 de enero de 2024).

SENOR, D., y SINGER, S., *Start-Up Nation: The Story of Israel's Economic Miracle*, Twelve, Nueva York y Boston, 2009, versión en castellano: *Start up nation: la historia del milagro económico de Israel*, Nagrela Editores, Madrid, 2013.

VERITASIUM, <https://www.youtube.com/@veritasium> (consulta: 17 de enero de 2024).

Rata topo desnuda

Con David Galicia

Doctor en Biología. Universidad de Navarra, Instituto de Investigación en Biología y Medioambiente (BIOMA).

Cuando uno observa con un poco de perspectiva la biodiversidad de nuestro planeta, resulta difícil encontrar algo que destaque sobre el resto. No queremos decir que la diversidad de la vida resulte monótona y poco original, ¡todo lo contrario! Simplemente, que cuando donde uno mira no encuentra más que elementos de sorpresa y admiración, nada destaca especialmente en ese aspecto... Como se decía en la genial película Los increíbles, *cuando todo el mundo es especial, nadie lo es.*

Ahora bien, sí que es posible encontrar destellos de originalidad a medida que uno se fija en las ramas del árbol genealógico de la vida. La historia biológica de nuestro planeta está caracterizada por un incremento en la complejidad y sofisticación de sus componentes. La evolución, forzada por las condiciones ambientales y condicionada por la propia historia de cada linaje, va creando grupos de organismos con características propias que establecen niveles jerárquicos de relaciones donde ciertos elementos fenotípicos (anatómicos, fisiológicos, comportamentales...) son a la vez distintivos y cohesivos para todos los organismos dentro de cada nivel. En este sentido, muchas son las propiedades fenotípicas que los mamíferos (agrupados dentro de la clase Mammalia) pueden mostrar orgullosos por su originalidad frente al resto de los compañeros de la biosfera: por citar solo algunas, regulan su temperatura a voluntad, tienen pelo y producen una sustancia nutricia muy original llamada leche, fundamental para la alimentación de las crías tras su nacimiento.

Sí, los mamíferos constituyen un grupo bastante bien definido incluso si lo comparamos con otros estudiantes vertebrados de su propio curso como peces, anfibios, aves o reptiles (en sentido amplio). Por supuesto, esto no quiere decir que estén exentos de variabilidad. Siendo eminentemente animales terrestres, muchos han evolucionado hasta convertirse en expertos nadadores que morirían si son dejados en tierra firme, otros han conquistado el medio aéreo y hasta rivalizan con las aves en habilidad y capacidad de vuelo. Es más, a algunos les ha dado por meterse bajo tierra. Y no me refiero a cobijarse en un refugio subterráneo, sino a vivir exclusiva y permanentemente bajo el suelo que pisan nuestros pies. El medio subterráneo es un entorno bastante peculiar si vienes del exterior. La libertad de movimiento está mucho más comprometida que en superficie y uno se ve forzado a desplazarse a través de galerías. En estas condiciones, cualquier estructura anatómica que pueda estorbar en la estrechez de un túnel (como las orejas) o aquellas orientadas a mejorar la estabilidad o la carrera (como las colas o patas largas para el salto) tienden a reducirse o desaparecer. Por el contrario, es necesario desarrollar unas potentes estructuras que permitan abrirse camino a través del denso material que forma el suelo, como, por ejemplo, unas robustas patas o una prominente dentadura. La percepción del entorno también cambia radicalmente. La luz deja de ser un parámetro relevante, pues ya a unos pocos centímetros bajo la superficie reina la oscuridad más absoluta. También el sonido se ve bastante afectado, puesto que, aunque las vibraciones pueden ser transmitidas a través del material que forma el suelo, las frecuencias que lo hacen con cierta eficacia son muy distintas de las que pueden hacerlo por el aire exterior. Todo esto hace que ojos y oídos se vean profundamente modificados en aras de otros sentidos, como pueden ser el olfato o el tacto. Pero no todo son malas noticias, el medio subterráneo también es mucho más seguro y estable que la vida en superficie, sujeta a las vicisitudes de un clima caprichoso, grandes cambios diarios de insolación y una variación mucho más rápida de la temperatura.

¿Y quién se aventuraría a colonizar un hábitat como este? Pues dentro de la clase de los mamíferos existen no pocas especies entre los roedores y los antiguos insectívoros, hoy llamados soricomorfos. Los topillos y muy especialmente los topos (roedores e insectívoros, respectivamente) albergan algunos auténticos expertos en la vida subterránea que únicamente salen al exterior para deshacerse de los excedentes de tierra de sus galerías. Sin embargo, aun dentro de este grupo tan especial, hay miembros que destacan todavía más por sus peculiares características. Unos que ya no solo presentan adaptaciones propias de especies subterráneas, sino que tienen habilidades que son tremendamente raras para estar en la clase de los mamíferos son los batiérgidos, una pequeña familia de roedores africanos que alberga las conocidas ratas topo y entre las que encontramos la Heterocephalus glaber, *la rata topo desnuda. Que su nombre común sea "rata topo" es de por sí bastante original. Si a esto añadimos el hecho de que carece prácticamente de pelo, algo más propio de ballenas y delfines que de ratas y ratones, tenemos pocas dudas ya de encontrarnos ante un animal tremendamente peculiar. Bien, pues esto no es nada. Pónganse cómodos, porque no hemos hecho más que rascar la superficie.*

La rata topo desnuda lleva muchos años siendo objeto de investigación. Y es que, al margen de su llamativo aspecto, se trata de una especie que ha desarrollado algunas propiedades adaptativas desconcertantemente inhabituales entre los mamíferos. Para empezar, envejece entre cinco y diez veces más despacio de lo esperable para un roedor de su tamaño, llegando a superar los treinta y cinco años de vida. Cómo hace para alcanzar una edad tan avanzada sigue siendo un misterio. Cierto es que se trata de una especie que ha perdido la capacidad de termorregulación (otro punto a favor de su originalidad dentro de los mamíferos) y esto tiene importantes implicaciones sobre su metabolismo. Controlar internamente la temperatura, algo muy caro en términos energéticos, no es especialmente necesario cuando el ambiente subterráneo en el que vives ya se mantiene a una temperatura relativamente constante de entre 28 y 30 ºC. En consecuencia, esta especie puede reducir mucho su consumo metabólico, casi a la mitad del esperado. Una menor actividad metabólica puede estar relacionada con un envejecimiento más lento, ya que implica una menor generación de radicales libres, especies químicas implicadas en la degradación celular.

Sin embargo, este bajo consumo energético por sí solo no basta para explicar su aparente eterna juventud. La rata topo desnuda apenas presenta cambios fisiológicos y reproductivos con el paso de los años y su tasa de mortalidad se mantiene prácticamente constante una vez alcanzan los dos meses de edad. Esta salud de hierro a lo largo de toda su vida parece verse también reflejada en su resistencia a varias enfermedades, especialmente al cáncer: las neoplasias espontáneas son extraordinariamente raras y los métodos de inducción de tumores habituales en animales de experimentación parecen no tener efecto sobre esta especie. Conocer los mecanismos que hacen tan resistentes sus células al desarrollo tumoral tendría claras implicaciones en el desarrollo de terapias para esta enfermedad en humanos, pero, lamentablemente, aún queda mucha investigación por delante.

Otra capacidad extraordinaria que podría aplicarse directamente para paliar los efectos negativos de distintas patologías humanas, como la isquemia cerebral u otros accidentes vasculares, es la de *soportar altos niveles de hipoxia (falta de oxígeno, O_2) e hipercapnia (altos niveles de dióxido de carbono, CO_2). En el entorno en el que vive, galerías subterráneas frecuentemente saturadas de individuos, como veremos a continuación, es habitual que se den situaciones en las que el aire muestre una gran escasez de O_2 y una alta concentración de CO_2. Condiciones ambientales de ambos gases que producirían la muerte en otros roedores de su tamaño en minutos son soportadas durante horas por los individuos de la rata topo sin mostrar síntomas. Es más, en condiciones anóxicas (sin nada de O_2 disponible), estos animales entran en una fase de animación suspendida durante la cual su metabolismo cambia radicalmente y evita el daño en sus tejidos. Frente a la vía alternativa que se desencadena en el resto de los mamíferos cuando el oxígeno escasea y que no puede ser mantenida mucho tiempo porque implica una acidificación tóxica para las células (y la consiguiente muerte del individuo), la rata topo desnuda pone en marcha un mecanismo único de metabolismo anaeróbico de la fructosa que, si bien no genera una gran cantidad de energía, le permite mantenerse viva hasta que los niveles de oxígeno vuelven a la normalidad. Esta habilidad metabólica, unida a otras propiedades, como una mayor afinidad al O_2 de su sangre, la ausencia de edemas pulmonares y ciertas características de las células sensoriales que responden a la acidosis (y que, curiosamente, brindan a esta especie una especial tolerancia a ciertos tipos de dolor), confieren a la rata topo un aura de invencibilidad y resistencia a situaciones extremas que aumentan aún más el misticismo alrededor de esta especie.*

También nos gustaría mencionar la que posiblemente sea la característica más original dentro de la clase de los mamíferos. Antes comentábamos que la historia de la vida se caracteriza por un incremento de complejidad. Es fácil ver que progresivamente los elementos individuales que forman parte de la vida van agre-

gando en su funcionalidad un mayor número de interacciones con otras unidades, hasta que llega un punto en el que se crea un nuevo elemento individual más complejo: de moléculas a células, de células a organismos... En cada una de estas transiciones, la nueva entidad que surge como agrupamiento coordinado de las entidades más simples (células procariotas, células eucariotas, organismos multicelulares...) adquiere nuevas propiedades que le permiten, normalmente, ocupar nuevos nichos que no estaban disponibles para las entidades más sencillas. Es, por tanto, una ventaja evolutiva y cabría pensar que no hay motivo para que cualquier entidad de este planeta no busque asociarse a otras para constituir una nueva unidad más grande y mejor.

Sin embargo, estas transiciones no son gratuitas: ¿por qué debería una unidad más sencilla, que compite con las demás, invertir en cooperar con otras, limitando así su propia reproducción? Quizás en los casos de moléculas y células no sea tan fácil de ver, pero cuando consideramos los individuos de una misma población podemos identificar las ventajas y desventajas de participar en una colaboración. En una manada con una típica estructura social, las ventajas de ser un miembro alfa resultan evidentes al tener un mayor acceso a recursos tanto tróficos como reproductivos, mientras que los subordinados pueden ganar en protección y disponibilidad de alimento a costa de perder capacidad reproductiva. Parece claro que, para que se dé una colaboración, los individuos netamente deben salir ganando frente a permanecer en solitario, pero, si viene asociada a un menor éxito reproductivo, ¿cómo puede ser una estrategia evolutivamente viable? Es más, ¿qué mecanismos evitan que una sociedad cooperativa con individuos altruistas sea destruida por la aparición de individuos egoístas, a priori una estrategia mucho más ventajosa, que no experimenten ningún coste y obtengan todos los beneficios? Bien, pues esta pregunta lleva décadas sobre la mesa y algunas de las mejores pistas donde obtener información para aclarar este asunto pueden encontrarse en aquellas especies con comportamientos sociales especialmente complejos, concretamente en especies denominadas eusociales: aquellas con una organización social donde la reproducción solo está a cargo de uno o unos pocos individuos y la gran mayoría se dedica a labores comunales dentro de una gran colonia. Curiosamente, son pocos los grupos animales en los que podemos encontrarla, fundamentalmente en insectos como hormigas, abejas y avispas, termitas, áfidos o trips y... mamíferos como la rata topo desnuda.

Siendo los mamíferos animales con comportamientos muy elaborados y socialmente muy complejos, resulta llamativo que solo encontremos eusocialidad en las ratas topo (en la rata topo desnuda y algo similar en la estrechamente relacionada rata topo de Damara). Las colonias de Heterocephalus glaber *pueden llegar a los trescientos individuos, entre los que destaca una reina y entre uno y tres machos encargados de la reproducción. El resto de los miembros, machos y hembras, no muestran ningún interés reproductivo y sus quehaceres se reparten entre el mantenimiento y ampliación de las galerías, la defensa de la colonia y la dispersión. Evidentemente, la reina es el miembro más importante de la colonia, única responsable de la gestación y cuidado de las crías. Es ligeramente distinta a todos los demás, con un mayor tamaño tanto en peso como en longitud. Curiosamente, esa longitud extra la consigue aumentando el número de vértebras lumbares durante el proceso de transición a su estatus real: si la reina desaparece y una nueva hembra ocupa su lugar (o funda una nueva colonia), la aspirante experimentará ese crecimiento en su columna.*

El estatus de la reina se evidencia en su interacción con el resto de los miembros, a los que trata con desdén (empujones), altanería (siempre pasa por encima cuando se cruza con alguno por las galerías) y superioridad (es la que se coloca encima del resto cuando se amontonan en la cámara nido a descansar). El estatus social de los machos reproductores se encuentra por debajo del de la reina, pero por encima del resto de la colonia. A partir de aquí, el reparto de tareas no implica ningún tipo de diferencia entre las castas, más allá de comportamientos diferenciales, como una mayor preocupación por el bienestar de las crías en los trabajadores y una mayor agresividad a miembros ajenos a la colonia en los soldados. Si estos roles se mantienen durante toda la vida de los individuos (como en los insectos) o pueden cambiarse con el tiempo es algo que todavía no se sabe. Precisamente esta incertidumbre sobre en qué medida el destino de los miembros no reproductores de la colonia está marcado o no es lo que hace que algunos autores consideren que la rata topo desnuda no muestra realmente eusocialidad, sino un sistema muy especializado de cría cooperativa. En cualquier caso, definiciones aparte, la rata topo desnuda sigue brindando numerosas sorpresas y oportunidades de investigación para clarificar fenómenos tan complejos como dónde radican fisiológica y físicamente las diferencias comportamentales que crean los distintos fenotipos de la colonia, cómo son inducidas estas por el ambiente o, más genéricamente, por qué han desarrollado una estructura social tan compleja cuando el resto de los miembros de la clase de los mamíferos parecen mostrar otro tipo de estrategias. En biología, como en nuestro día a día, es buena idea prestar atención a aquello que rompe con la monotonía y lo preestablecido, pues es ahí donde podremos encontrar las soluciones originales y novedosas a los problemas que tenazmente se mantienen irresolubles a simple vista. Bien, pues la rata topo desnuda es un caso bastante llamativo, la especie rara de la clase, merecedora de toda nuestra atención y que, con toda seguridad, nos proporcionará en el futuro próximo un buen puñado de pistas para mejorar nuestra vida y resolver algunos de los misterios de esta anomalía universal que es la vida.

Hasta aquí las palabras de David Galicia.

Imagínese el lector, la lectora, cómo pudimos disfrutar aquellos meses en las conversaciones con nuestros compañeros del área de ciencias. Cada particularidad de un ser vivo se convertía para nosotros en una posibilidad de hacer las cosas de una forma un poco diferente, de transformar cualitativamente los edificios y las ciudades.

Presentamos el proyecto "De la rata topo desnuda a los sistemas energéticos dobles en edificios" a la convocatoria SciencEkaitza, del Gobierno de Navarra, un ¿experimento de comunicación? para acercar la ciencia a la sociedad y motivar la colaboración entre diferentes grupos de investigación en Navarra, que creo que ha sido un éxito en las diferentes ediciones celebradas hasta ahora.

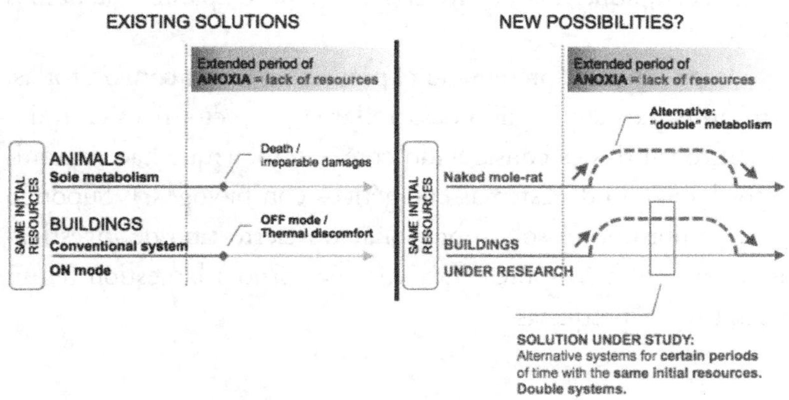

Figura 3. Resumen gráfico del proyecto titulado "De la rata topo desnuda a los sistemas energéticos dobles en edificios". Soy un defensor acérrimo de los resúmenes gráficos, de las infografías, pues permiten que, con una información que podría considerarse básica, lectores con diferentes antecedentes e inquietudes puedan entender una cuestión rápidamente.

Básicamente, el proyecto planteaba explorar nuevas estrategias de diseño de los sistemas energéticos de los edificios, a partir del análisis crítico de los sistemas metabólicos de animales como la rata topo desnuda. En el proyecto surgieron numerosas estrategias de gestión energética y recursos naturales en los animales que podían trasladarse a la arquitectura, como cuál sería la viabilidad tecnoeconómica de un doble sistema de energía en edificios basado en el metabolismo de la *Heterocephalus glaber*, lo que derivaba en preguntas tales como cuál sería el alcance del ahorro energético de los nuevos sistemas o cuál sería su aplicabilidad en el mercado y su consecuente impacto social.

La propuesta obtuvo el Accésit Energías Renovables y Recursos en el I Concurso Científico SciencEkaitza, organizado por Corporación ADItech y el Gobierno de Navarra en junio de 2018. El proceso de selección incluyó un jurado internacional del que formaban parte los premios nobel Mario Molina (Química, 1995) y James Rothman (Medicina, 2013).

Es decir, aquel día los investigadores participantes estábamos felices.

Después hemos presentado el proyecto a varias convocatorias, pero no hemos conseguido desarrollar el proyecto, pues en todas las convocatorias es considerado como "raro" (¿qué hacen arquitectos hablando de sistemas energéticos con biólogos?). Supongo que este libro no es solo sobre soñar un cierto tipo de investigación, sino también sobre reflexionar en torno a la gestión de un cierto tipo de pesquisas.

Lecturas recomendadas

NATUREINSPIREUS, <https://natureinspireus.com/> (consulta: 5 de marzo de 2024).

ZUAZUA-ROS, A., *et al.*, "Towards cooling systems integration in buildings: Experimental analysis of a heat dissipation panel", en *Renewable and Sustainable Energy Reviews*, 2017, vol. 72, pp. 73-82.

Ciprés

Con María Fernández-Vigil

Doctora arquitecta. Universidad de Navarra, Departamento de Construcción, Instalaciones y Estructuras de la Escuela Técnica Superior de Arquitectura.

Uno de los grandes teóricos de la arquitectura en el pasado, Vitruvio, argumentaba que la buena arquitectura residía en resolver una triple relación entre *firmitas*, *utilitas* y *venustas*, esto es, los edificios deben ser sólidos, útiles y bellos. Entre ser sólidos y útiles, aparece el concepto de seguridad: he de estar seguro, he de sentirme seguro en ese espacio en el que habito, y ahí es donde se sitúa la protección contra incendios.

Durante mi experiencia en una ingeniería, pude descubrir la importancia de esta materia que, además, es transversal al resto. La protección contra incendios puede afectar al comportamiento constructivo de una fachada o de una estructura, a la evacuación un edificio con miles de personas en su interior o a cómo mitigar los efectos del fuego una vez que se ha producido.

Los arquitectos contamos en ese sentido en España con un papel reconocido y con una relevante formación, por lo que es curioso que la figura del *fire engineer*, tan extendida en el mundo anglosajón, no exista en nuestro país.

En el contexto actual de urbanización creciente, los edificios en altura son una parte esencial del paisaje de las ciudades, también de las de nuestro país: España es el segundo país de la Unión

Europea con mayor porcentaje de población viviendo en bloques de pisos (65 %). Así, el censo de población y viviendas del año 2021 publicado por el Instituto Nacional de Estadística arroja información muy interesante: de los más de veintiséis millones de viviendas que hay en España, el 47 % pertenece a edificios de cuatro plantas o más. De esta forma, se define la tipología predominante con un urbanismo caracterizado por la alta densidad.

La historia nos confirma que este progreso arquitectónico no está exento de riesgos, pues son numerosas las catástrofes que evidencian el terrible carácter destructivo que puede llegar a tener un fuego que se propaga por un edificio de estas características. El gran incendio de Chicago, que arrasó durante tres días más de ochocientas hectáreas, ya puso de manifiesto en 1871 la vital relevancia de construir teniendo en cuenta el comportamiento del fuego. No son infrecuentes en los medios de comunicación las impactantes imágenes de incendios que devoran grandes edificios o producen numerosas víctimas, a veces en cuestión de minutos. Hace apenas unos años, han sido tristemente célebres los fuegos que se cobraron varias vidas en España en un restaurante de Madrid, en una discoteca en Murcia o en un edificio de viviendas en Valencia.

Los incendios domésticos siguen causando pérdidas humanas: 204 personas fallecieron en incendios en España durante el año 2021, el 75 % de ellas en un siniestro que se originó en una vivienda. A pesar de que los arquitectos y constructores conocen la especial relevancia de la seguridad en caso de incendio a la hora de diseñar, es evidente que los seres humanos somos malos evaluadores de los riesgos. Y es que nos cuesta ponderar la velocidad y el potencial destructivo que puede alcanzar un fuego confinado en un espacio interior.

No es que necesariamente exista desidia por parte de los gremios involucrados: arquitectos, ingenieros o administraciones. De hecho, se han desarrollado técnicas de gran sofisticación, como los modelados de dinámica de fluidos, que permiten hacer simulaciones de enorme complejidad para tratar de conocer previamente el comportamiento de un incendio, teniendo en cuenta la configuración espacial, los combustibles presentes o los materiales empleados. Sin embargo, este tipo de estudios no se realizan habitualmente en edificios "no singulares" por los costes que conllevan.

Aunque en España la legislación admite el enfoque prestacional, habitualmente, para proyectos arquitectónicos más sencillos, se fundamenta la seguridad en caso de incendio en una serie de soluciones prescriptivas recogidas en la normativa y aceptadas por diseñadores y Administración. Pero este cumplimento a menudo implica una formalidad que carece de eficacia, pues son desconocidas las bases y los modelos a partir de los cuales se han desarrollado estas soluciones.

Se aborda, por tanto, un complejísimo problema que involucra el diseño arquitectónico, la ignición y propagación de un fuego y la conducta incierta de los ocupantes del edificio con medidas prescriptivas como, por ejemplo, el tamaño y disposición de los sectores, los recorridos máximos hasta las salidas o fórmulas extremadamente sencillas para calcular los elementos de evacuación.

Desde hace décadas, las cifras de fallecidos por incendios en España se mantienen constantes, sin cambios significativos que apunten a una mejora en las medidas activas y pasivas con las que un ciudadano puede defenderse ante una situación de esta índole. Esto nos lleva a preguntarnos si, tal vez, podríamos explorar nuevas vías para mejorar la seguridad en caso de incendio.

Un terreno prometedor en este campo son las soluciones que podemos encontrar en la naturaleza, es decir, abordar la seguridad en caso de incendio desde la biomímesis. Quizás descubramos que hay especies que cuentan con recursos para minimizar la propagación del fuego o la ignición, y que son trasladables al lenguaje constructivo. Por ejemplo, el gusano de seda *Bombyx mori* desarrolla un capullo que permite la entrada de oxígeno y la salida de dióxido de carbono, pero no su entrada. Se trata esta de una interesante estrategia para contener los contaminantes gaseosos en caso de incendio.

Una especie que resulta especialmente atractiva cuando la estudiamos desde esta óptica es el ciprés. No es ignífuga, pero su reacción al fuego está siendo estudiada desde hace años y puede servir de inspiración para investigar nuevas y alentadoras soluciones en el diseño arquitectónico, particularmente de los edificios en altura[27].

Tras revisar la literatura de referencia e investigaciones existentes, no se sabe si en el intento de trasladar lo que ocurre en el ciprés a los edificios encontraremos que el comportamiento del ciprés se debe que a sus hojas y ramas tienen una cantidad significativa de humedad que retrasa su inflamación, a la morfología de su copa o, tal vez, a otras causas que imposibilitarían su traslación a la arquitectura.

Es complejo anticipar los resultados o asegurar la eficacia de las soluciones que se puedan extraer, pues no existen referencias previas. ¿Acaso habrá más agua en cada unidad residencial con una nueva metodología para la colocación de los rociadores? ¿Implicaría cambiar los parámetros de seguridad estructural en edificios altos? ¿Se va a generar una nueva metodología basada en un nuevo modelo de microsectorización vertical? ¿Quizás sea una nueva microsectorización horizontal? Solo una investigación libre de prejuicios y rigurosa podrá aportar luz en estas andaduras.

---

27. La hipótesis para estudiar los cipreses y su relación con los edificios altos proviene de dos fuentes: por un lado, el proyecto europeo "CypFire: Barrières vertes de Cyprès" y, por otro, la noticia "¿Por qué no arden los cipreses?", publicada en *El Mundo*, <http://www.elmundo.es/elmundo/2012/09/27/valencia/1348732312.html>.

Lecturas recomendadas

BISBY, L., GALES, J., y MALUK, C., "A contemporary review of large-scale non-standard structural fire testing", en *Fire Science Reviews*, 2013, vol. 2.

KOO, J., *et al.*, "Estimating the impact of residents with disabilities on the evacuation in a high-rise building: A simulation study", en *Simulation Modelling Practice and Theory*, 2012, vol. 24, pp. 71-83.

RODRÍGUEZ-BURITICÁ, S., y SUDING, K., "Interactive effects of temporal and spatial fire characteristics on the population dynamics of a fire-dependent Cypress species", en *Journal of Applied Ecology*, 2013, vol. 50, núm. 4, pp. 929-938.

Moluscos y yemas apicales

Con Robiel Manzueta

Arquitecta. Universidad Católica Nordestana, República Dominicana.

El enfoque biomimético ha adquirido rango de metodología en las convocatorias de investigación bajo el término de "soluciones basadas en la naturaleza", soluciones de las que podemos encontrar numerosos y variados ejemplos. Nos centraremos aquí en los biosensores.

La calidad del aire es uno de los principales problemas medioambientales del mundo debido al crecimiento de la industrialización y de las actividades antropogénicas. Varios Gobiernos han dado prioridad a esta temática promoviendo soluciones para mitigar o reducir la contribución de contaminantes que tiene su territorio.

El primer paso para promover un método de mitigación es conocer la fuente contaminante y cuantificarla. Entonces aparece el primer problema: esta medición depende de los puntos de medida, los cuales requieren vigilancia y mantenimiento. Estos factores limitan una mayor distribución en los núcleos urbanos, aunque es cierto que los modelos de inteligencia artificial, junto con las redes 5G, 6G, xG..., podrán aportar calidad de medidas y facilidad de mantenimiento en el futuro a medio plazo.

Por otra parte, algunas especies vegetales son sensibles a determinados contaminantes atmosféricos con respuestas sintomáticas específicas a la polución. Estas especies pueden utilizarse para detectar y controlar la presencia o ausencia de contaminantes. Aquí entra el biomonitoreo, que se define como el uso de organismos vivos o sus respuestas para determinar los estados, o los cambios, del medioambiente. Este biomonitoreo puede ser pasivo o activo.

Los métodos pasivos, por ejemplo, observan las plantas que crecen de forma natural en la zona de interés. Los métodos activos detectan la presencia de contaminantes atmosféricos colocando plantas de ensayo de respuesta y genotipo conocidos en la zona de estudio.

Un caso que encontramos especialmente interesante, aunque no pertenezca al ámbito vegetal, es la experiencia piloto desarrollada en Varsovia, donde usan almejas en los depósitos de agua como sistema de alarma temprana ante la contaminación del agua potable. Las almejas son unos moluscos que pasan las veinticuatro horas del día filtrando el agua de los cauces fluviales en donde viven. Cuando detectan algún signo de contaminación, se cierran. Los científicos polacos aprovecharon este mecanismo para crear un dispositivo mediante el cual, mientras el agua está limpia, la almeja tiene la concha abierta para filtrarla, pero si la almeja detecta contaminación cierra la concha y esto a su vez activa un muelle, que a su vez transmite una señal de alarma a los operadores de la planta de suministro de agua a Varsovia. El sistema constituye pues, una forma natural, rápida, eficaz y económica de detectar en el agua una amplia gama de contaminantes.

Volviendo al reino vegetal, el concepto de bioindicadores hace referencia a que ciertas especies de plantas son sensibles a determinados contaminantes del aire y muestran respuestas específicas a los efectos de la contaminación (por ejemplo, la formación de manchas marrones en la superficie superior debido al ozono). Por tanto, un bioindicador proporciona información sobre la presencia del contaminante e incluso sobre la cantidad e intensidad de la exposición.

Entre las ventajas de la biomonitorización cabe destacar que es menos costosa que otros métodos y que facilita el muestreo en zonas extensas y a largo plazo. También permite determinar los efectos de la contaminación en diferentes temporadas y su mantenimiento es inferior al que requieren sus homólogos tecnológicos. Es cierto que hay algunos factores que considerar a la hora de elegir la vegetación que se utilizará como bioindicador: debe ser fácilmente identificable en la zona, debe ser fácil de muestrear a lo largo de las diferentes estaciones, ser asequible y tener una respuesta visible a los contaminantes que se expondrá.

Manning y Feder aportaban ya en 1980 información sobre las plantas como biomonitores de contaminación atmosférica. Se centraron entonces en mostrar, a través de imágenes y un *ranking* porcentual, las lesiones visuales que pueden presentar las plantas a causa de diversos contaminantes. Entre otros, investigaron de qué manera afectan los oxidantes fotoquímicos (como el ozono) a las plantas de tabaco, judías, uvas y pino blanco. Estudiaron la incidencia del dióxido de azufre (gas incoloro con olor irritante) en árboles como el pino blanco oriental, el pino silvestre y el álamo; también trabajaron con musgos, líquenes y microorganismos. Analizaron los daños causados por el fluoruro de hidrogeno (gas o líquido muy venenoso) con las respuestas del albaricoque chino, las coníferas, los lirios espada y los líquenes, así como los efectos de los metales pesados (como mercurio, níquel o zinc, entre otros) en musgos, líquenes y hongos. También se interesaron por la influencia del etileno (gas incoloro, inflamable) en orquídeas, claveles, pepinos, tomates y acacias[28].

Otra investigación destacable es la llevada a cabo en 2007 en La Paz, Bolivia, por la Unidad de Calidad Ambiental de la Uni-

28. MANNING, W. J., y FEDER, W. A., *Biomonitoring Air Pollutants with Plants*, Applied Science, Londres, 1980.

versidad Mayor de San Andrés en conjunto con la Red MoniCA (Red de Monitoreo de la Calidad del Aire). Ha sido implementada por algunos Gobiernos municipales en Bolivia, donde plantean el biomonitoreo pasivo y activo en diferentes zonas de la ciudad y del país. El resultado muestra los beneficios y desventajas de utilizar diferentes especies de plantas para determinar los efectos de contaminantes. Entre ellas destaca el rábano (*Raphamus sativus*) como una de las más recomendadas para el biomonitoreo activo, debido a su rápido crecimiento, resistencia a plagas, bajo coste de los análisis y la buena respuesta que muestra a la contaminación atmosférica, así como a las bajas temperaturas del invierno, por lo que resulta apto para mediciones durante todo el año[29].

Hasta el momento se han priorizado los estudios que utilizan especies vegetales para monitorizar zonas urbanas, pero ¿se podrían modificar genéticamente algunas especies para tener una mejor visualización de los contaminantes atmosféricos en casa?, ¿se debería hacer? La ética, como no cabía que fuera de otra manera, aparece como brújula para elegir la mejor ruta de investigación.

Esta búsqueda de soluciones basadas en la naturaleza para sensores, obviamente, no tiene por qué referirse solo a sensores de calidad del aire, del agua o de los terrenos, sino, por ejemplo, también a la cantidad y calidad de la luz disponible en un punto. En un viaje privado al Parque Natural de Monfragüe conocí a un guía que se identificaba mucho con el Parque, pues vivía en un pueblo cercano. Él fue de quien primero escuché que las yemas apicales de las encinas tienen la capacidad de detectar la luz. Estas yemas apicales son órganos especializados que se encuentran en la parte superior de los tallos y brotes de la planta.

---

29. ANZE, R., *et al.*, "Bioindicadores en la detección de la contaminación atmosférica en Bolivia", en *Revista Virtual REDESMA*, junio de 2007, pp. 1-22.

Las yemas apicales tienen células sensoriales llamadas fitocromos, que son sensibles a la luz. Estos fitocromos detectan la cantidad de luz disponible y, gracias a eso, regulan el crecimiento y desarrollo de la planta. Cuando la yema apical detecta luz, se inhibe el crecimiento del tallo y se promueve la formación de nuevas ramas y hojas. Esta capacidad de las yemas apicales de detectar la luz es esencial para que las encinas puedan responder adecuadamente a las condiciones ambientales, algo que les permite adaptarse y controlar su crecimiento y desarrollo. Es decir, sobrevivir en su entorno. Pero ¿cómo puede ponerse esto en relación con las necesidades lumínicas en un edificio o con los ritmos circadianos de iluminación interior? A día de hoy no lo sabemos, pero, sin duda, se trata de otro prometedor camino que explorar.

Lecturas recomendadas

BEHLING, S., y BEHLING, S., *Sol Power. La evolución de la arquitectura sostenible*, Gustavo Gili, Barcelona, 1996.

COELHO, P., *Aleph*, Planeta, Barcelona, 2011.

GARCÍA MARQUEZ, G., *Crónica de una muerte anunciada*, Bruguera, Barcelona, 1981.

TOMASELLO, M., ¿Por qué cooperamos?, Katz, Buenos Aires y Madrid, 2010.

Técnica y tecnología

Cadena de bloques y energía

Con Eduardo Valpuesta
Catedrático de Derecho Mercantil. Universidad de Navarra.

La forma de tratar los problemas parte de cómo se entiende el problema, y se entiende en función de cómo se expresa. No es lo mismo decir que no entre el frío que decir que no salga el calor. Es similar en nuestro entendimiento, pero la realidad física es distinta. Expresarla de la forma adecuada nos ayuda a entender a qué nos enfrentamos.

Por eso no me gusta utilizar términos anglosajones si existe el equivalente en español. Describir un problema en nuestra lengua materna, cada uno en la suya, ayuda a que nuestra particular forma de ver el mundo, la tradición de la que partimos, se convierta en nuestra personal herramienta para su resolución. Para un mismo problema, tal vez, una vietnamita, un irlandés, un canadiense o una rusa planteen una resolución metodológica distinta, aunque la solución final pueda ser similar. Y en la conjunción de antecedentes económicos, tecnológicos y sociales que los llevarán a plantear una solución, el idioma en que lo piensan, las palabras exactas que utilizan, constituyen un parámetro más.

En esta pléyade de situaciones que estamos desplegando ante los lectores, mi experiencia personal es que cada vez que planteábamos un título para un proyecto de investigación, hacerlo en español, inglés o euskera, en función de la convocatoria a la que nos presentásemos, nos daba matices científicos de cómo desarrollar el proyecto, que no eran cien por cien equivalentes entre sí. Y estamos hablando de títulos, que tienen pocas palabras, no de una memoria descriptiva completa, y de tres idiomas, no de veinte.

Por eso abogo por decir "cadena de bloques" y no *blockchain*.

Cuando le planteé a Eduardo hablar del concepto de cadena de bloques y energía, no le dije más, quería saber su opinión como abogado, limpia de condicionantes externos. Fue esto lo que nos dijo:

La tecnología de almacenamiento de datos conocida como block-chain *(o "cadena de bloques"), que en su origen sirvió para crear y controlar la transmisión de la primera moneda digital exitosa (el bitcóin), se implantó en 2009 y a partir de ella se han generado otras muchas utilidades para guardar datos de forma inmutable, segura y compartida. Y uno de los estigmas de esta tecnología y de sus usos ha sido, desde el inicio, su "coste energético", porque para guardar los datos se exige que sujetos que se dedican a la llamada actividad de "minado" de datos en la* blockchain *intenten resolver un problema matemático. Para ello, tales personas utilizan complejos aparatos informáticos que consumen mucha electricidad y, de hecho, uno de los condicionantes de la rentabilidad del minado de datos es el coste de la energía eléctrica en el país en el que se realiza la actividad. Este alto coste energético se va reduciendo porque cada vez más la forma de almacenar datos en la* blockchain *se lleva a cabo utilizando otras técnicas que exigen un menor esfuerzo computacional, pero sigue siendo elevado. Entre otras razones, una de las reticencias a aceptar el uso generalizado de la técnica* blockchain *es su coste energético.*

Sin embargo, en este ámbito, como en muchos otros, "unos tienen la fama y otros cardan la lana". Ciertamente, el almacenamiento de datos mediante blockchains *y la operativa de la inmensa ma-*

yoría de los miles de "criptomonedas" suponen un gasto energético importante. Pero, si realmente nos importa la huella de carbono generada por esta técnica, tenemos que advertir que el uso que hacemos de los aparatos electrónicos genera un coste energético enorme, cuantitativamente muy superior al que origina toda la tecnología blockchain. *Por ejemplo, al año se generan millones de toneladas de "basura tecnológica" (se calcula que en 2018 fueron unos cuarenta y ocho millones de toneladas) de aparatos electrónicos que dejamos de usar bien por su obsolescencia, bien —y más a menudo— porque, aunque son operativos, hemos tenido el "capricho" de adquirir un aparato más sofisticado. Toda esa basura tiene cantidad de componentes como cadmio, plomo, níquel o mercurio, altamente tóxicos, que si no se reciclan adecuadamente producen un gran daño en el ambiente. En segundo lugar, cada "actividad electrónica" que realizamos consume recursos y genera una huella de carbono: un simple correo electrónico enviado a varios destinatarios pasa por múltiples servidores y enrutadores y genera hasta cincuenta gramos de carbono, según el número de destinatarios y si incluye o no archivos. Todos esos aparatos por los que "circula" el correo están conectados, deben enfriarse adecuadamente, etc. Se habla mucho del gasto de "imprimir" o manejar las facturas en papel, pero la sustitución y envío de las mismas en formato y por medios electrónicos también tiene un coste. Y si del envío de un correo pasamos a la visión de un vídeo durante varios minutos, o a la subida de archivos electrónicos a la famosa "nube" (que, por muy "nube" que la llamemos, en realidad constituye una cantidad inmensa de servidores electrónicos conectados en red, continuamente alimentados y enfriados…), seguimos, "suma y sigue", añadiendo un coste energético brutal.*

Todo esto nos plantea una interrogante de difícil solución: ¿somos conscientes del inmenso coste en huella de carbono que origina toda nuestra actividad electrónica (correos, mensajes en grupos de mensajería electrónica, visión de vídeos en streaming, navegación por internet, renovación de aparatos, entre otros muchos)? Y ¿estamos dispuestos a reducirla? En realidad, hemos llegado a tal grado de "dependencia electrónica" que a muchos les resultaría difícil limitar su actividad por estos medios. Pero hay que advertir que absolutamente ninguna de estas acciones es "neutra" ni de "coste cero" en cuanto al gasto energético. Por eso tal gasto debe ser inferior a la utilidad o beneficio que logramos con esa interacción. Por último, y simplemente ahí dejamos la reflexión, habría que darse cuenta también de otro coste energético, pero no eléctrico ni electrónico, sino humano, de toda esta actividad. La electrónica amplía enormemente nuestra capacidad de relación y de interacción y es muy positiva, pero su uso inadecuado a veces puede conducir a simple dependencia sin utilidad real. ¿Cuánto tiempo dedicamos a actividades electrónicas totalmente vacuas, cuando no nocivas, gastando nuestra energía de forma inadecuada? E, incluso, ¿en qué medida a veces el confiar en los medios electrónicos hace que no desarrollemos nuestras propias facultades y, en esa medida, vayamos reduciendo nuestras habilidades intelectivas y volitivas? Si "programamos" todo lo posible (alarma despertador, agenda de eventos, renovación de seguros, compra por internet, etc.), ya no utilizaremos nuestro intelecto para recordar y estar atentos a muy diversos aspectos que ejercitan y mantienen entrenada nuestra mente. No solo gastamos energía (humana y eléctrica) de forma inútil, sino que además renunciamos a ejercitar y entrenar nuestras propias facultades.

Por lo tanto, bien está advertir del coste energético del "minado de bloques" o de las monedas electrónicas, pero también habría que "ver la viga en el ojo propio" y darnos cuenta del tremendo gasto energético y humano que supone toda nuestra actividad por medios electrónicos… y aplicar soluciones.

Esta es una de las situaciones que más me interesan cuando hablo con compañeros de otras áreas con los que tengo confianza: que den su opinión franca, directa, sin cortapisas: "Esto es lo que pienso, así te lo cuento y a partir de ello podemos comenzar a discutir".

En este diálogo entre abogado y arquitecto, además de las palabras anteriores de Eduardo, quiero plantear otro tema. El de la criptomoneda de base energética. Al fin y al cabo, los diferentes patrones que ha habido en el pasado para poner en valor las transacciones entre personas han variado mucho, desde la sal al oro, pero también pienso firmemente, como ya decía Fernández-Galiano en 1991, que "a largo plazo, por lo tanto, el flujo energético [incluyendo en él la consideración de su calidad] puede devenir una medida de valor"[30], pues, después de todo, es posible cuantificar la energía utilizada por una persona al día[31].

Por tanto, si es evaluable la cantidad de energía que necesita una persona cada día (no solo la que necesita para tener electricidad o calentarse, sino también la energía básica que ingiere para alimentarse o desplazarse), podría servir esta forma de medida para penalizar a aquellos que gasten más energía que la que deben. En un futuro mundo no lejano con más de diez mil millones de

---

30. FERNÁNDEZ-GALIANO, L., *El fuego y la memoria*, Alianza Editorial, Madrid, 1991, p. 200.

31. En la Edad de Piedra, el humano medio tenía a su disposición 4 000 calorías de energía al día. Esto incluía no solo alimento, sino también la energía invertida en preparar utensilios, ropa, arte y hogueras. En la actualidad, el estadounidense medio utiliza 228 000 calorías de energía al día, que alimentan no solo su estómago, sino también su automóvil, ordenador, frigorífico y televisor. El estadounidense medio emplea así sesenta veces más energía que el cazador-recolector medio de la Edad de Piedra. ¿Es el estadounidense medio sesenta veces más feliz? Haríamos bien en sentirnos escépticos ante estos panoramas de color de rosa. NOAH HARARI, Y., *Homo Deus*, Penguin Random House, Barcelona, 2016, p. 46.

personas, en nuestra particular nave Tierra fulleriana, tal vez sea este un mecanismo poderoso para evitar desmanes medioambientales individuales y reducir las desigualdades. ¿Ciencia ficción? En 2050, con las posibilidades que nos brindarán las bases de datos globales y la inteligencia artificial, quién se atreve a decir que no.

Lecturas recomendadas

ADRIÀ, F., y GARCÍA, A., *Conectando conocimiento. Metodología Sapiens*, vol. 0, elBullifoundation, Barcelona, 2021.

D'ORS, Á., *Derecho y sentido común. Siete lecciones de derecho natural como límite del derecho positivo*, Civitas, Madrid, 1995.

HEMINGWAY, E., *El viejo y el mar*, 1952.

VIEHWEG, T., *Tópica y jurisprudencia*, Taurus, Madrid, 1964.

Sistema operativo para viviendas

Con Fernando Alonso

Doctor arquitecto. Universidad de Navarra, Departamento de Teoría, Proyectos y Urbanismo de la Escuela Técnica Superior de Arquitectura.

Cuando veas la industria del automóvil evolucionar, pon la arquitectura a trabajar.

Tradicionalmente se ha considerado que la investigación puede ser básica o aplicada. La básica es la que, en esencia, traza el futuro. Ahí es donde están los auténticos desafíos. Luego "solo" queda aplicarlos y, así, la investigación en arquitectura y urbanismo, la investigación en la que se centra este ensayo, tiene un carácter principalmente aplicado, a mi juicio. Por esta razón, en muchos de nuestros diálogos planteo que estas investigaciones (en arquitectura y urbanismo, insisto) no necesitan reinventar la rueda constantemente. Es una contradicción clara con el hecho de investigar, pero es una de las diferencias de la investigación arquitectónica.

Las personas podemos habitar espacios en entornos completamente hostiles para nuestros organismos, como el fondo del mar o el espacio. Los sistemas de protección contra incendios o de purificación del aire en un submarino militar son extraordinarios. Y silenciosos. Y de tamaño compacto. Y qué decir de las estaciones espaciales, donde el reciclaje del agua es total.

La tecnología no es soñada en esos casos. Ya existe. Ya se utiliza. Es cara, ciertamente, por lo que ahora el trabajo sería hacerla "peor" para adaptarla a unas condiciones ambientales menos exigentes y replicarla para abaratarla. Algo similar hemos venido haciendo desde el 2009 con las células Peltier... Pero me estoy adelantado. Retomemos.

También me interesan los congresos de transferencia militar-civil. En los congresos a los que he asistido en España, se tratan prioritariamente temas relacionados con armas, sistemas de propulsión o radares, pero una parte no menor también se dedica a las bases y plataformas donde realizan sus actividades los militares, ya que, cuando un contingente en el extranjero debe montar un campamento, puede que no tenga agua potable disponible, ni red de saneamiento, puede que tampoco un sistema de electricidad fiable y deba tratar todos los residuos generados diariamente. Se trata de escenarios duros, complejos, donde las soluciones han de funcionar sí o sí y que son en muchos casos trasladables al ámbito civil.

No hemos de recurrir a submarinos, naves especiales o bases militares para argumentar estas ideas. Un autobús urbano, por ejemplo, mide en torno a los doce metros de largo por dos metros y medio de ancho. Unos veinticinco metros cuadrados en planta. Es decir, podría equipararse a una vivienda pequeña con espacio de cocina, de estar, para dormir y baño. De hecho, hay autobuses como los de los equipos ciclistas profesionales con baños completos, cocina y espacios de estar y para dormir. Este tipo de autobuses constituyen un espacio ocupado por personas con una tecnificación y calidad constructiva envidiable respecto a las que encontramos en viviendas convencionales. ¿Por qué, si existen el conocimiento y la tecnología y empiezan a ser asequibles en términos económicos, no se trasladan también a las viviendas, oficinas o colegios?

Otro ejemplo son los coches, aún más sencillos que un autobús. Yo tengo un coche relativamente económico, un Volkswagen

Polo del año 2016. Pues bien, tiene un sistema de audio envolvente con ocho altavoces fantástico. Me gusta escuchar música y en casa no he conseguido encontrar un sistema equivalente sin tener que gastar una cifra nada desdeñable. Poco antes de escribir estas líneas he llevado el coche al taller, revisión completa después de varios años (no por desidia, sino porque no lo necesitaba, lo cual habla de su durabilidad) con unas cuantas cosas que renovar y cambiar, como los filtros de aire. Me han llamado del taller para decirme que en cuatro horas pase a buscarlo. Por comparación, si tuviera que sustituir el filtro del aire del recuperador de calor en mi vivienda, mejorar un circuito eléctrico o cambiar la chimenea de la caldera (equivalente al tubo de escape de un motor de combustión), necesitaría varios días de molestias y varios gremios para corregir el problema.

¿Por qué nos seguimos empecinando en pensar de un modo los problemas para un tipo de situaciones y de otro modo para situaciones cuasiequivalentes? Mi experiencia profesional no académica me dice que tiene que ver más con las inercias intelectuales ("siempre se ha hecho así") que con la realidad de lo que se puede y se debe hacer.

Son estas transferencias tecnológicas de la ingeniería naval, aeronáutica o automovilística a la edificación las que realmente considero fascinantes. De hecho, con el futuro incierto al que apunta el sector del automóvil en estos momentos (año 2024), ¿por qué los fabricantes de vehículos no trasladan sus avances a la edificación? Al fin y al cabo, son ellos los mejores conocedores de sus sistemas y se trataría de ampliarlos y exportar procesos y metodologías a las fachadas o a los sistemas constructivos y energéticos de los edificios.

Pensemos en cualquier vehículo actual. Uno sencillo me vale. Un pequeño utilitario. Sin decir marcas, para no crear agravios comparativos. Todos estos modelos sencillos de vehículo ya reconocen el móvil al entrar, no tengo que hacer nada para que se sincronicen los contactos; con una pantalla activo el aire acondicionado (es curioso como a muchos les/nos siguen gustando las botoneras para este tema), planeo un viaje o chequeo el estado del motor híbrido o la batería.

¿Cuánto tiempo pasará hasta que cuando compremos una vivienda también preguntemos por su sistema operativo? Creo que poco.

Cuando estuve hablando de estas cuestiones con Fernando Alonso, un apasionado, por cierto, de las autocaravanas, de ese espacio mínimo habitable que puede mover cual caracol y su vivienda, fue esto lo que me argumentó:

Emergiendo con fuerza en la arquitectura de la vida cotidiana, se perfila un nuevo paradigma: el sistema operativo de la vivienda. Esta concepción avanzada trasciende la función de mero intermediario entre los variados dispositivos y sistemas que conforman el hogar inteligente para erigirse como el cerebro arquitectónico que gestiona, coordina y comunica cada elemento esencial en la configuración del hogar del futuro. El valor intrínseco de esta concepción yace en su funcionalidad operativa y se hace eco de las palabras de Steve Jobs: "El diseño no es solo cómo se ve y se siente. El diseño es cómo funciona"[32]. Aunque Jobs no era arquitecto, su cita articula de forma lúcida el núcleo de este nuevo paradigma. No es simplemente la estética lo que importa en la arquitectura de un hogar del futuro, sino la interconectividad funcional y la gestión eficaz de los elementos vitales del hogar.

Si enmarcamos el hogar desde una perspectiva orgánica, en la que es visto como un organismo activo y reactivo, el sistema operativo de la vivienda se articula en torno a cuatro ejes esenciales.

---

32. JOBS, S., *Insanely Simple: The Obsession That Drives Apple's Success*, Portfolio, Nueva York, 2011.

En este esquema, en primer lugar, el control y la automatización de elementos cruciales, como la temperatura, la iluminación, la calidad del aire y la gestión de la energía emergen como variables fundamentales, que se adaptan de forma dinámica a las preferencias del usuario y a las condiciones ambientales externas. Esta visión encuentra resonancia en las palabras del arquitecto y teórico Ken Yeang: "Necesitamos considerar la arquitectura de la casa como un sistema, una especie de organismo"[33]. Yeang, con su visión prospectiva, nos recuerda que el diseño arquitectónico efectivo de un hogar inteligente no solo implica la interrelación entre dispositivos y sistemas, sino que debe ser comprendido y gestionado como un organismo integrado y reactivo, una entidad viva que responde a las necesidades y circunstancias cambiantes de sus moradores.

"La arquitectura no trata solo del espacio, sino también del tiempo"[34]. Esta reflexión del artista y arquitecto Vito Acconci nos conduce hacia el segundo eje fundamental en la configuración del sistema operativo del hogar: la integración y sincronización de los dispositivos multimedia. En una realidad donde la trama digital de nuestra vida cotidiana se encuentra cada vez más interconectada, resulta vital manejar de forma unificada y armónica el conjunto cambiante de dispositivos que conforman nuestro universo doméstico: televisores, tablets, smartphones, *videoconsolas y* sistemas de seguridad, *entre otros. Todos estos elementos, al poder ser gestionados desde una única interfaz, permiten que el hogar como organismo se adapte no solo espacialmente, sino también temporalmente, eliminando las fronteras físicas y temporales que*

33. YEANG, K., "Ecoarchitecture and Ecomasterplanning", en *Architectural Design*, 2009, vol. 79, núm. 2, pp. 78-85.

34. ACCONCI, V., "Design and the Wider World", en *Architectural Design*, 2002, vol. 72, núm. 4, pp. 54-57.

en las últimas décadas han restringido nuestra interacción con la tecnología y el espacio habitado.

"El objetivo de la vida es vivir, aprender y adaptarse"[35]. Esta reflexión del arquitecto Richard Rogers nos dirige hacia el tercer eje que el sistema operativo del hogar debe incorporar: la seguridad y emergencia. Siguiendo la lógica de la conocida urbanista Jane Jacobs y su concepto de "ojos en la calle"[36], el sistema operativo se convierte en un escudo protector de la vivienda y la dota de la capacidad de detectar e informar situaciones anómalas o peligrosas. Este concepto proporciona una analogía interesante en el contexto de la seguridad y la vigilancia en el hogar inteligente. De este modo, el hogar no se limita a ser un mero contenedor de vida, sino que también aprende y se adapta a las diversas circunstancias, activando protocolos preventivos o correctivos en tiempo real. Al igual que en la visión de Rogers, el hogar, en su constante adaptabilidad, se convierte en un organismo activo que se esfuerza por resguardar y mejorar la vida de sus habitantes.

Por último, la capacidad de aprender y optimizar el funcionamiento del hogar mediante el análisis de datos y la inteligencia artificial supone la máxima expresión del potencial del sistema operativo. Recogiendo y procesando información sobre los hábitos y preferencias de los usuarios, puede anticiparse a sus necesidades y deseos y ofrecer soluciones personalizadas y adaptativas. Como expresó Nicholas Negroponte, fundador del Media Lab en el MIT: "Al igual que un organismo biológico, un ambiente de aprendizaje debe evolucionar con el uso a lo largo del tiempo, adaptándose

35. ROGERS, R., "Adaptability. The New Preservative", en *Architectural Review*, 2003, vol. 214, núm. 1284, pp. 91-93.

36. JACOBS, J., *The Death and Life of Great American Cities*, Random House, Nueva York, 1961, versión en castellano: *Muerte y vida de las grandes ciudades*, Capitán Swing, Madrid, 2012.

a las necesidades cambiantes de sus ocupantes y al uso mudable del edificio"[37].

Esta visión, una realidad cada vez más palpable gracias al avance de las tecnologías digitales y conectadas, plantea aún retos significativos. La interoperabilidad de dispositivos, la protección de la privacidad, la seguridad de los datos personales y la accesibilidad y usabilidad para todas las personas son solo algunos de los desafíos que superar en la carrera por convertir nuestro hogar en un espacio inteligente e integrado.

En definitiva, como reflexionaba Le Corbusier: "La arquitectura es el juego sabio, correcto y magnífico de los volúmenes bajo la luz"[38]. *En este sentido, el sistema operativo de la vivienda se erige como una herramienta fundamental para jugar ese juego, ya que nos da vía libre para controlar, automatizar, integrar y aprender de la danza de los volúmenes de nuestro hogar bajo la luz de la tecnología.*

Lecturas recomendadas

LASZLO, P., ¿Se puede beber el agua del grifo?, Akal, Madrid, 2005.
MINISTERIO DE DEFENSA. Actas DESEi+d, Congresos Nacionales de I+D en Defensa y Seguridad (varios).
SÁENZ DE OÍZA, F. J., "El vidrio y la arquitectura", en *Revista Nacional de Arquitectura*, 1952, núm. 129-130.

37. NEGROPONTE, N., *Soft Architecture Machines*, MIT Press, Cambridge (Mass.), 1975.

38. LE CORBUSIER, *Towards a New Architecture*, Dover Publications, 1986, versión en castellano: *Hacia una arquitectura*, Apóstrofe, Barcelona, 1978.

Del internet de las cosas al internet de los edificios

Con Koldo Urrutia-Azcona

Doctor arquitecto. Director de Proyectos de Innovación en IES Ltd. (Dublín).

La némesis real de la economía moderna es el colapso ecológico[39].

En la Escuela de Arquitectura de la Universidad de Navarra tenemos especial sensibilidad hacia el urbanismo. Durante décadas, hasta el cambio que supuso el proceso de Bolonia, los arquitectos de esta escuela nos graduábamos tras seis años de estudios más el año de proyecto fin de carrera; éramos arquitectos urbanistas.

Fue un placer recibir las clases de Luis Arizmendi de instalaciones urbanas, en las que con prolijidad nos hablaba de la gestión del agua en los núcleos urbanos, la producción de energía eléctrica a escala territorial o los residuos sólidos urbanos. ¡Cuánto de mi investigación lo debo a aquellas clases de dibujos en una pizarra a finales de los años noventa!

Investigar es explorar, intuir, encontrar, comprender, decíamos antes. Y los cuatro verbos, *explorar*, *intuir*, *encontrar*, *comprender*, son igualmente importantes. Pero a mí siempre me ha atraído el de intuir, la "intuición cultivada" como concepto del que tantas veces hablo a los estudiantes.

39. NOAH HARARI, *op. cit.*, p. 239.

En nuestro viaje por la vida, la mochila de los recuerdos y el aprendizaje que siempre llevamos con nosotros alberga tesoros que no sabemos cuándo podremos utilizar, si es que alguna vez llegamos a utilizarlos.

En mi caso, las clases de Luis Arizmendi están presentes de forma continua en mi modo de entender el oficio de arquitecto y la colaboración con otros profesionales, sean académicos o no. Esta es la razón de que se me haga difícil distinguir el límite entre arquitectura y espacio urbano en lo que al proceso intelectual de su concepción se refiere.

Y por ello mismo pasar del internet de las cosas al internet de los edificios me parece un camino que se deberá transitar, sí o sí, en las próximas décadas.

Comenzando por el concepto del internet de las cosas, este ha venido para quedarse o, mejor dicho, para iniciar un camino imparable. Muchos hemos fantaseado con poder monitorizar o controlar los objetos que nos rodean a distancia e interactuar con ese entorno físico de manera digital, como si blandiéramos una varita mágica al aire. Finalmente, estamos viviendo el momento en el que ese imaginario colectivo, cultivado a fuego lento durante décadas de ficción (películas como *Blade Runner* o *Minority Report*), ha conseguido abrirse paso en nuestra vida cotidiana para aportarnos beneficios tangibles, que impactan en nuestro día a día: desde un trivial "Alexa, baja" para reducir el volumen de la música o la comodidad del encendido en remoto de la calefacción horas antes de volver de vacaciones hasta la trascendencia de la telemedicina, con posibilidades de monitorización de pacientes e, incluso, cirugía en remoto. Esto es exactamente el internet de las cosas. Ahora bien, ese abracadabra necesita de un entorno físico sensorizado y de redes de comunicación conectadas a dispositivos con capacidad de procesamiento e intercambio de esa información recabada. De magia, más bien poco.

El potencial de aplicación del internet de las cosas a diversas disciplinas es innegable, pero aquí nos centraremos en la nuestra, en la planificación y gestión urbana. Y, de manera inmediata, algunas preguntas nos asaltan. ¿Cómo podría el internet de las cosas revolucionar el funcionamiento de nuestras ciudades? ¿El internet de las cosas a nivel de objeto sería escalable a nivel del edificio o incluso de la ciudad en su conjunto? Esto se está poniendo serio… Si así fuera, ya no parece tan lejano el mundo de Tom Cruise y Steven Spielberg de 2054. Quizás incluso la fecha no sea tan aleatoria. Desde luego, treinta años dan para mucho.

En este punto, trataremos de reflexionar sobre los mimbres necesarios para llegar a ese futuro, donde la planificación y gestión urbanas tratarían de aprovechar el potencial que ofrece el internet de las cosas extrapolado al internet de los edificios.

En primer lugar, necesitaríamos una representación virtual del objeto (en este caso, un edificio o un entorno urbano) y, en segundo lugar, la capacidad de interactuar con ese objeto en remoto. Respecto a la representación virtual, en el ámbito de la arquitectura y la planificación urbana es cada vez más habitual encontrar modelizaciones virtuales de edificios e incluso entornos urbanos desarrollados con metodología BIM (*Building Information Modelling*) o GIS (*Geographical Information Systems*), donde cada elemento (ya sea un tabique, una caldera, una farola o una parcela) cuenta con su propia geometría, características y datos asociados. En términos de interacción en remoto con el objeto, los SCADA (*Supervisory Control And Data Acquisition*, originarios del procesado industrial) permiten el control remoto y la supervisión de procesos a distancia basados en sensores interconectados, gracias a los cuales se puede interactuar con dispositivos de campo que controlan los procesos de manera automática. En este sentido, la aplicación específica de SCADA al ámbito del edificio es el BMS (*Building Management System*).

Por tanto, los mimbres existen; tenemos capacidad de representación virtual y tenemos capacidad de interacción en remoto. El salto del objeto al edificio y del edificio a la ciudad y sus infraestructuras es factible. Actualmente se trabaja con intensidad en este ámbito de conocimiento, puesto que ofrece un margen de posibilidades y optimización muy amplio en la gestión de recursos urbanos, de la energía a la movilidad, del alumbrado público a las infraestructuras verdes, por poner solo unos ejemplos.

Si hay una figura que puede aunar tanto la capacidad de representación digital como la interacción en remoto a nivel urbano es la del gemelo digital conectado. El gemelo digital de la ciudad consiste en una réplica virtual de los principales elementos de la ciudad y sus infraestructuras críticas, y que está conectada a bases de datos que recogen la información proveniente de los sensores desplegados en el entorno urbano.

En un primer paso, donde podríamos situar las ciudades más pioneras de la actualidad, los planificadores y gestores urbanos pueden tomar decisiones de manera coordinada, en base a evidencias reales, desde un cuadro de mando georreferenciado. Imaginemos una sala en un ayuntamiento, con un visor digital 3D de la ciudad que hace posible una toma de decisiones ágil, coordinada y basada en datos. Suena un poco al malo de los dibujos animados diciendo que "dominará el mundo" desde el sillón de su laboratorio, pero lo cierto es que, para la gestión urbana del día a día y su planificación futura, resulta de lo más útil.

A esta versión del gemelo digital urbano, que podríamos calificar como todo un logro, le suceden y sucederán distintas evoluciones, que encajarán todavía mejor en el concepto de internet de los edificios, además de combinarse con otras tecnologías que posibilitarán un crecimiento exponencial. La primera de todas ellas, la más evidente, es la esencia del internet de las cosas: damos una orden en ese entorno virtual y esa misma orden se ejecuta con precisión en el entorno urbano. De este modo, tenemos una conexión funcional entre un modelo cibernético y el mundo real; un entorno ciberfísico. ¿Posibilidades? Gestión remota y eficiente de alumbrado público, gestión del tráfico según su intensidad, gestión de comunidades energéticas y generación local renovable, nivel de llenado de contenedores y recogida de basuras optimizada, gestión de redes de agua y fugas, gestión de riego, niveles de poda de arbolado y posibles afecciones, gestión de logística urbana, activación de protocolos de contaminación, riesgo de inundación, olas de calor o niveles excesivos de ruido, gestión de macroeventos en el espacio público... Las posibilidades se resumen en que, bajo la gobernanza adecuada, nuestras ciudades pueden gestionarse, planificarse y funcionar como un reloj suizo (cibersuizo, en este caso).

Estamos inmersos en la era del tratamiento de datos y nos acercamos al abismo de la inteligencia artificial (IA). Si un programa de inteligencia artificial como ChatGPT ha conseguido fulminar a Google Translate, el recetario de Arguiñano y el Rincón del Vago en un suspiro, ¿qué impacto podría tener la aplicación de esta tecnología en nuestras ciudades, una vez madura y en combinación con el internet de los edificios?

En este ejercicio de fantasía, del internet de las cosas al internet de los edificios, ¿cuál sería la aportación de la inteligencia artificial en las ciudades de un futuro no muy lejano? ¿Una visión brillante que dé paso a una paz y equilibrio como no se ha visto nunca? ¿O una visión aterradora de dominio, control y temor?

En un escenario como este, tan importante como el *qué* sería el *cómo*, por lo que necesitaríamos redactar normativas, algoritmos y sistemas que regulasen estas relaciones entre las partes. La ética debería ir marcando el camino a la técnica.

Lecturas recomendadas

DIGITAL TWIN CITIES CENTRE, Chalmers University of Technology, <https://dtcc.chalmers.se/resources/> (consulta: 5 de enero de 2024).

GEELS, F. W., "Technological transitions as evolutionary reconfiguration processes: A multi-level perspective and a case-study", en *Research Policy*, 2002, vol. 31, núm. 8-9, pp. 1257-1274.

SCHEERBART, P., *La arquitectura de cristal*, Colegio Oficial de Aparejadores y Arquitectos Técnicos de Murcia, Murcia, 1998.

Seguridad de los coches eléctricos

Con Mohd Zahirasri Mohd Tohir

Entusiasta de la ciencia del fuego. Profesor. Universidad de Navarra & Universiti Putra Malaysia.

Si el urbanismo ha sido tractor en nuestra escuela, no menos lo ha sido la protección contra incendios. En mi docencia de diseño e integración de instalaciones y sistemas energéticos, a los alumnos les marco las prioridades de sus planteamientos: primero, que nadie debería morir en los edificios por cuestiones asociadas al trabajo de los arquitectos; después, la gestión del agua; luego, la electricidad (y las redes de datos); para seguir con las instalaciones de acondicionamiento higrotérmico y terminar con otras instalaciones, que bien pueden ser las de comunicaciones verticales, cocinas industriales o maquinaria escénica, por ejemplo.

Pero siempre, lo más importante como arquitectos es asegurar la máxima protección contra incendios, pues, aunque la seguridad infinita es imposible de conseguir ("Seguridad infinita, presupuesto infinito", le escuché decir a José L. Torero en una conferencia en Pamplona), sí se debe aspirar a que el concepto de seguridad (en su doble acepción de *safety* y *security* en inglés) se aplique en todo su significado.

Se trata de una preocupación que ha generado trabajos docentes de distintas escalas en nuestra universidad, y también investigaciones tan variadas como la evacuación de edificios en altura en España en el siglo XX[40], su repercusión en las instalaciones hospitalarias[41] o la evacuación de edificios para personas mayores[42]. Incluso una investigación derivó en una interesantísima colaboración con nuestros compañeros de la Facultad de Química José Ramón Isasi y Gustavo González Gaitano para sustituir el material fosforescente de las señales de incendios por una nueva solución química que nos adentró en el apasionante mundo de las ciclodextrinas. Esto daría para un capítulo propio, así que de momento dejaremos aparcada esta cuestión aquí.

Fueron años intensos. Con grandes retos y propuestas. Llegó a sucedernos que cuando supimos que se iba a demoler el Parque de Bomberos de Pamplona situado junto a la Plaza de Toros de la ciudad para trasladarlo a una nueva sede, planteamos quemarlo de forma controlada, monitorizando temperaturas, movimientos de humos y analizando el colapso de la estructura. Contactamos con la Universidad de Edimburgo para contar con su ayuda y conocimiento y preparar un ensayo tan inusual, que se hubiera convertido en un ensayo de referencia por lo espectacular del lugar, pero también por la cantidad de datos que se hubieran podido recabar. Conseguimos incluso lo más difícil, financiación. Lamentablemente, cuando estábamos ya fijando el día para ejecutarlo, una decisión política valoró que era mejor no seguir adelante. Esto daría para un capítulo propio, así que de momento dejaremos aparcada esta cuestión aquí.

<hr>

40. MAMBRILLA HERRERO, N., *La protección contra incendios en la arquitectura española: evolución y aplicación a los edificios en altura (1931-1981)*, tesis doctoral, 2014.

41. OSÁCAR CRESPO, A., *Gestión de la seguridad contra incendios en edificios en España. Propuesta para un nuevo enfoque*, tesis doctoral, 2017.

42. FERNÁNDEZ-VIGIL, M., *Seguridad en caso de incendio en viviendas de personas mayores en España: caracterización del problema y propuesta de soluciones*, tesis doctoral, 2020.

También en aquellos años, en mi paso por el Centro Nacional de Energías Renovables de España, situado en Pamplona, tuve oportunidad de entablar relación con investigadoras como Raquel Garde y Mónica Aguado, que me adentraron en el apasionante mundo del hidrógeno. Juntos vislumbramos las posibilidades de su integración en la arquitectura y el urbanismo allá por el año 2005. Su uso en edificios convencionales de viviendas u oficinas, no en edificios industriales, nos abocó a pensar en la seguridad de protección contra incendios de esa "nueva" instalación en edificios existentes o que se fueran a construir. Incluso presentamos un proyecto europeo de investigación relacionado con el hidrógeno y su integración en edificios. Pero entonces descubrí en toda su crudeza la palabra *lobby*. Esto daría para un capítulo propio, así que de momento dejaremos aparcada esta cuestión aquí.

Ya en aquellos años, hace diecinueve, con el Servicio de Bomberos del Gobierno de Navarra planteamos estudiar también la seguridad de protección contra incendios de los vehículos de hidrógeno en edificios. Sucede que las decenas de miles de aparcamientos existentes en España se han diseñado atendiendo a protocolos con los que enfrentarse a incendios de vehículos de combustión de gasolina o gasóleo, no de hidrógeno. Y tampoco para vehículos eléctricos. Cuando en un foro con fabricantes de vehículos eléctricos, fabricantes de cargadores, la Administración y también compañías suministradoras de electricidad comenté a una de estas últimas que, antes de seguir implantando masivamente cargadores, era necesario evaluar los riesgos asociados, el representante de esta compañía se encogió de hombros y dijo: "Nos dedicamos a vender electrones". Supongo que esto también daría para un capítulo propio, así que de momento también tendremos que dejar aparcada esta cuestión aquí.

Aunque este ensayo pretende promover la ilusión por la labor investigadora, procede también mostrar desilusiones y puntos y aparte. De hecho, tal vez sea este uno de los capítulos que menos ensoñación tenga, pues la realidad de los coches eléctricos está ya aquí. Quizás el sueño esté en hacer que las personas tratemos de evitar el desastre cuando lo tenemos delante y no lo vemos. El problema lo detectamos, lo discutimos, lo planteamos hace muchos años: la integración de pilas de combustible de hidrógeno en los edificios, y de ahí pasamos a pensar en los coches con motores de hidrógeno en aparcamientos. El hidrógeno, lamentablemente, lo propusimos en un espacio temporal en el que tuvo muchos enemigos y los proyectos que presentamos no salieron adelante. Pero nos seguía interesando la integración de sistemas complejos en edificios a la vez que crecía el número de vehículos eléctricos. Esto, por una parte.

Por otra parte, la realidad, tozuda, hacía que, por más ilusión que tuviéramos, fuéramos los que éramos y tuviéramos los medios que teníamos, por lo que, si queríamos avanzar, debíamos atraer personas con las que trabajar[43].

Es ahí donde aparece parte de la magia que envuelve la investigación de las universidades (tan diferente de la investigación de las empresas): publicamos unas líneas para la convocatoria europea Marie Curie para que, quien quisiera, de cualquier parte del mundo, colaborase con nosotros en este tipo de esfuerzos que requieren de aproximaciones multilaterales. Y recibimos la respuesta de un ingeniero químico de Malasia aceptando el reto de preparar una propuesta para avanzar en la mejora de la seguridad de los vehículos eléctricos en aparcamientos existentes. Y la propuesta salió adelante. Y Zahir, que es como se llama nuestro investigador (y coautor de este capítulo), decidió dejar durante dos años su hogar en Kuala Lumpur, y venir a Pamplona para ahondar en el conocimiento de estas cuestiones.

43. SÁNCHEZ-TABERNERO, A., *Gobierno de universidades*, EUNSA, Pamplona, 2023.

Auténtica pasión por la ciencia.

Tenía mis dudas cuando le comenté a Zahir si quería participar en esta publicación, dado su carácter (el de la publicación, no el de Zahir), pues es más divulgativa que científica. Pero Zahir no dudó, dijo que sí desde el principio, y estas son sus palabras:

Navegando hacia el futuro: el acto de equilibrio de las tecnologías verdes

En los últimos tiempos, las apremiantes realidades del cambio climático se han vuelto imposibles de ignorar. En todo el mundo, los fenómenos meteorológicos extremos se están volviendo no solo frecuentes, sino también intensos, lo que empuja a los investigadores e innovadores a trabajar incansablemente para mitigar sus efectos. Un ámbito importante de tales esfuerzos innovadores ha sido el sector energético.

La revolución verde en energía

Los patrones de producción y consumo de energía han experimentado una transformación significativa a lo largo de los años. Desde la creciente importancia de la energía solar, de los parques eólicos que se extienden por horizontes hasta el aprovechamiento de la energía de las olas, las metodologías enfocadas a la sostenibilidad están claramente labrando una posición fuerte en el panorama energético mundial. Estos métodos representan la esperanza y la promesa de un futuro menos dependiente de los combustibles fósiles, que durante mucho tiempo han dominado nuestras industrias y nuestra vida cotidiana.

Más allá de la producción de energía, los hábitos de consumo están experimentando un profundo cambio, especialmente en el transporte. Un número cada vez mayor de Gobiernos en todo el mundo consideran ahora los vehículos eléctricos como los sistemas de propulsión del futuro, no simplemente como una opción. En las calles de las ciudades, han surgido bicicletas y scooters eléctricos, que combinan comodidad con sostenibilidad, todo a un precio que no admite discusión.

Andar con precaución: nuevos riesgos tecnológicos

Si bien es evidente que estamos en medio de una transición fundamental hacia la sostenibilidad, donde los productos surgen a un ritmo sin precedentes, esta moneda tiene dos caras. Cada una de estas innovaciones tecnológicas, aunque prometedoras, trae consigo un conjunto único de desafíos y riesgos.

Por ejemplo, los propietarios de viviendas que, cada vez más, instalan paneles solares ahora se enfrentan a riesgos antes imprevistos: posibles incendios de paneles solares o fallas estructurales de sus instalaciones. En cuanto al ámbito del transporte, la afluencia de vehículos eléctricos revolucionará nuestras carreteras. Pero con cada revolución surgen cuestiones de adaptabilidad y seguridad. Desde hace décadas estamos habituados a los riesgos que plantean los vehículos impulsados por combustibles fósiles, pero, a medida que los vehículos eléctricos se vuelven comunes, debemos contemplar el impacto más amplio en nuestras infraestructuras. ¿Será pronto necesario que todas las plazas de aparcamiento de nuestros edificios estén equipadas con cargadores? La demanda podría exigirlo, pero, sin lugar a dudas, esto podría conducir a un mayor riesgo de incendio. Es un claro recordatorio de que, con cada paso adelante, debemos evaluar los posibles obstáculos.

Lograr un equilibrio: ¿puede la seguridad mantenerse al día?

El ritmo acelerado del cambio tecnológico plantea una pregunta pertinente: ¿están nuestras medidas y estándares de seguridad evolucionando a un ritmo comparable al de estos cambios tecnológicos? ¿Pueden protegernos frente a ellos?

La rápida adopción de los vehículos eléctricos es estimulante. Sin embargo, si realmente se quieren aprovechar los beneficios de estas tecnologías verdes a largo plazo, no se pueden dejar de lado sus riesgos potenciales. Los desafíos que presentan estas tecnologías no se refieren solo a su uso directo, sino que también afectan a sistemas e infraestructuras más amplios.

En conclusión: una marcha reflexiva hacia adelante.

Está claro que la transición hacia tecnologías verdes no es solo una tendencia, sino un imperativo. A medida que avanzamos por este camino, la clave está en equilibrar el ritmo al que se van adoptando con la comprensión y mitigación de los riesgos inherentes. Por mucho que celebremos la llegada de cada nuevo producto ecológico, es esencial abordar esta transición con cautela, garantizando que las medidas de seguridad no solo igualen la velocidad de estos cambios tecnológicos, sino que se anticipen a ellos. Solo entonces podrá hacerse realidad la promesa de un futuro sostenible y respetuoso con el medioambiente sin comprometer la seguridad.

Las respuestas a la protección contra incendios de los vehículos eléctricos serán complejas, como el problema al que nos enfrentamos, y adoptarán diversas formas, desde la colocación de cámaras infrarrojas hasta la prohibición de aparcamientos para vehículos eléctricos bajo rasante, o del aumento de la distancia entre vehículos (con la consiguiente disminución de plazas) al diseño de nuevos sistemas de ventilación.

Este cruce de necesidades entre los edificios existentes y una tecnología en crecimiento vertiginoso lleva a pensar en cómo la realidad va por delante de la normativa y muy por delante de la investigación aplicada. La forma en que los Gobiernos, los fabricantes y los diseñadores de edificios aborden estas cuestiones, así como la necesidad de criterios de seguridad en los edificios, demostrará ser el último paso hacia el logro de una transición descarbonizada totalmente global.

Obsérvese que no decimos "transición eléctrica".

Lecturas recomendadas

BECCALI, M., *et al.*, "Energy, economic and environmental analysis on RET-hydrogen systems in residential buildings", en *Renewable Energy*, 2008, vol. 33, pp. 366-382.

DI BONAVENTURA, L., *et al.*, *Deepwater Horizon*, Elevation Pictures Corp., 2017.

KLEIN, N., *This Changes Everything: Capitalism vs. the Climate*, Simon & Schuster, Nueva York, 2015.

Popular Mechanics, revista, Popular Mechanics Co., 1959-2024.

TORERO, J. L., "Flaming Ignition of Solid Fuels", en *SFPE Handbook of Fire Protection Engineering*, Springer, Nueva York, 2016, pp. 633-661.

Evacuación de partículas autopropulsadas de velocidad variable

Con Carlos Mario Gutiérrez Aguilar

Instituto Tecnológico Metropolitano de Medellín (Colombia).
Facultad de Artes y Humanidades.

Allá por el 2012, estaba en mi despacho trabajando y recibí una llamada de Secretaría:

—Hay aquí un profesor del Departamento de Física que está preguntando si tenemos algún profesor que sepa de evacuación de edificios.

—Me dedico a la protección contra incendios en edificios —contesté—. No soy experto en evacuación, pero que venga, claro.

Él pasó, joven, dinámico y parecía que con las ideas claras:

—¿Tú sabes de evacuación de edificios? —me dijo sin muchos preámbulos.

—Me dedico a protección contra incendios en edificios —repetí—. No soy experto en evacuación, pero algo sé.

—Pues déjame que te enseñe una cosa, por favor. Y a ver qué opinas.

Entonces sacó de una bolsa de la que apenas me había percatado una caja llena de canicas.

—No digas nada hasta el final, por favor. Quiero tener tu opinión entonces.

Puso la caja en vertical y las canicas cayeron por una abertura. Clin, clan, clin, clan, clin, clan. Le dio la vuelta a la caja y repitió la acción. Clin, clan, clin, clan, clin, clan. No hizo falta que me explicara más. Tengo el privilegio de trabajar con el Laboratorio de Medios Granulares de la Universidad de Navarra desde entonces.

Lo que mis compañeros habían desarrollado era toda una metodología para comprender mejor los movimientos de partículas y, especialmente, para evitar la obstrucción de los huecos al paso de las partículas en cuestión. Estas partículas pueden referirse al colesterol en las vías sanguíneas, a las rocas en una cantera o las tuercas en sus trabajos de laboratorio. Cuando esos elementos estudiados son personas, pasan a denominarse "partículas autopropulsadas de velocidad variable". Si en lugar de orificios utilizamos puertas, estamos refiriéndonos a la evacuación de edificios y pasamos a transformar esos problemas teóricos en medios para evitar las pérdidas de vidas, por ejemplo, en el caso de avalanchas.

Esta investigación ha sido soñada y hemos podido encadenar diferentes proyectos para su desarrollo. Aquí, el sueño es que algo tan necesario, tan útil, pueda llegar a convertirse en normativa y en productos reales aplicados a los edificios. Bajo el paraguas de esta investigación en marcha encontramos títulos tan atrayentes como "Reducción de atascos en caso de evacuación de edificios"[44] o "El obstáculo como mejora para la evacuación en caso de incendio en edificios de pública concurrencia"[45].

También se ha convertido en una pequeña pesadilla, pues, a pesar de los avances que se han conseguido, los proyectos demos-

---

44. Proyecto de investigación financiado por Fundación Mutua Montañesa (21 de marzo de 2013 - 21 de febrero de 2014).

45. Trabajo de fin de grado de Arquitectura, Carlota Coterillo, curso 2018-2019.

trativos y las posibilidades existentes, estos trabajos están realizados en España, donde apenas un puñado de empresas e instituciones ven las posibilidades de este tipo de estudios. Además, sucede que su traslado a la realidad se convierte casi en imposible por ser anormativos. No están contra la normativa. Tampoco están recogidos en ella.

Tal vez el sueño no sea el sistema de evacuación en sí, sino cambiar la normativa que rige los sistemas de evacuación.

Un rápido repaso a la literatura sobre protección contra incendios en general y, más específicamente, sobre evacuación ofrece una idea de cómo las respuestas aportadas por este proyecto podrían cambiar nuestra comprensión de la salida de multitudes en los edificios.

En estudios previos con partículas esféricas (granos inertes), mis compañeros demostraron que colocar un obstáculo antes de la salida puede reducir los cuellos de botella. Estudiando en detalle las propiedades del flujo, se ha comprobado que los atascos (entendidos como interrupciones temporales del flujo) durante un período que puede considerarse "peligroso" se reducían notablemente con la colocación del obstáculo.

Un aspecto vital que no debe descuidarse por las dramáticas consecuencias que puede tener en un caso real son las posibles caídas que sufren varias personas a la vez, las denominadas "caídas grupales". Es bien sabido que muchas de las muertes entre multitudes (discoteca The Station en Estados Unidos en 2003, Madrid Arena en 2012 o discoteca Kiss en Brasil en 2013, por citar algunos) fueron provocadas por personas que cayeron como fichas de dominó. En nuestros experimentos, hemos observado varias caídas grupales y un caso de caída real de unas diez personas (momento en el que se detuvo el experimento, por supuesto).

Adquirimos experiencia en ensayos con personas en el último trimestre de 2012. En uno de los primeros colaboraron un total de noventa estudiantes. Se efectuaron sesenta evacuaciones (treinta por día), con dos tamaños de puertas diferentes y diversas condiciones de estímulo. Además, se llevaron a cabo unas diez pruebas para obtener resultados preliminares sobre el efecto que tuvo la presencia de obstáculos en la evacuación.

También nos embarcamos en unos extraordinarios ensayos con el ejército español, relativamente pequeños si los comparamos con los ensayos multitudinarios de Alemania o Arabia Saudí, pero singulares por estar realizados con muy alta presión entre las personas. De hecho, en el momento de redactar estas líneas y hasta  donde mi humilde conocimiento llega, han sido únicos bajo estas condiciones de presión.

Años después, en 2023, preparamos junto con Carlos Mario un proyecto con el título de "Removable Obstacle for Pedestrian's Evacuation". Cuando le pedí su reflexión sobre este tema, estas fueron sus palabras:

El profesor César presentó un llamado para una propuesta de investigación relacionada con la dinámica de peatones, principalmente con el tema de evacuaciones de emergencia. Es un tema nuevo para mí, suena interesante —me dije—. Le presenté mi voluntad de participar en el proyecto, le envié mi currículo y unos pocos días más tarde me escribió para concertar una cita virtual y hablar un poco. Después de la reunión —y el compromiso— tendríamos tres meses para armar el proyecto y presentarlo. Fue así como empecé a incursionar en el tema. César me envió bibliografía, recopilé información adicional disponible y me puse a estudiar la temática. Como mi profesión es diseñador industrial, el proyecto se enfoca principalmente en los obstáculos como elementos que pueden ayudar en el proceso de evacuación; pero no puede ser cualquier obstáculo, nos centraremos en la forma del obstáculo y los mecanismos que puedan permitir que este sea removible. Es aquí donde se iniciará la investigación.

De todo lo estudiado y de la propuesta del proyecto, resumo los puntos más importantes que pueden dar contexto al lector.

La dinámica de peatones es un campo de estudio multidisciplinario que examina el comportamiento y movimiento de las personas en espacios públicos, privados y de emergencia. Comprender cómo interactúan los peatones es esencial, especialmente en situaciones críticas, como evacuaciones. La efectividad de una evacuación no solo depende de la planificación y los protocolos, sino también de cómo los individuos reaccionan y se desplazan en situaciones de emergencia. En este contexto, la presencia de obstáculos frente a las puertas de salida puede tener un impacto significativo durante la evacuación.

La psicología juega un papel crucial en la dinámica de peatones durante evacuaciones. La percepción del riesgo, la confianza en la información proporcionada y la capacidad de las personas para adaptarse a entornos cambiantes son factores que influyen en cómo se comportan durante una evacuación. La dinámica de peatones en situaciones de evacuación es un campo de estudio crítico que fusiona la ingeniería, la psicología y la planificación urbana. Esta involucra diversos aspectos, desde la velocidad de desplazamiento hasta la toma de decisiones en entornos congestionados. Factores como la densidad de población, la visibilidad y la familiaridad con el entorno influencian cómo las personas se mueven. Durante situaciones de evacuación, la urgencia y la incertidumbre añaden una capa adicional de complejidad a esta dinámica. Comprender cómo los peatones reaccionan y se organizan es esencial para mejorar la eficacia de los protocolos de evacuación.

Para mejorar la dinámica de peatones durante las evacuaciones, es esencial abordar la presencia de obstáculos frente a las puertas de salida. La planificación y el diseño de espacios deben tener en cuenta la necesidad de rutas de evacuación claras y libres de obstrucciones. Esto implica la consideración de factores como la disposición del mobiliario, la señalización efectiva y la implementación de medidas que minimicen la congestión.

Por una parte, se han empleado modelos matemáticos que utilizan representaciones abstractas para describir las situaciones de evacuación, como las estampidas humanas. Estos modelos han ayudado a hacer predicciones analizando situaciones hipotéticas y teniendo en cuenta fenómenos asociados con la dinámica de peatones durante las evacuaciones. Por otra parte, se han estudiado comportamientos de animales, como ovejas u hormigas, en situaciones de desplazamiento tipo evacuaciones. Igualmente, se ha estudiado el comportamiento de algunos elementos granulares que pueden ayudar a sacar conclusiones para acercarse a la realidad del comportamiento humano. Por último, aparecen experimentos con voluntarios, aunque debe tenerse en cuenta la dificultad de llevarlos a situaciones extremas como las que se presentan en una evacuación de emergencia, entre las cuales se incluyen las estampidas.

Es fácil suponer que la presencia de obstáculos frente a las puertas de salida puede desencadenar una serie de problemas durante una evacuación. Estos obstáculos pueden variar, desde muebles y equipos hasta la propia disposición del espacio. Asimismo, se puede suponer que uno de los principales desafíos radica en cómo estos obstáculos influyen en la velocidad y eficiencia con que las personas pueden abandonar un lugar.

Algunos estudios han concluido que la presencia de obstáculos puede afectar positivamente al momento de una evacuación, aunque deben valorarse múltiples variables y parámetros, como las dimensiones de la puerta, la forma y tamaño del obstáculo, su ubicación, la densidad (cantidad de personas por metro cuadrado), la competitividad (deseo de salir), la velocidad o la fricción, entre otros. Conviene recordar que la forma, la ubicación y hasta la fijación del obstáculo (si es fijo o se puede mover por la interacción de los peatones en movimiento) pueden influir.

El principal argumento para tener obstáculos frente a la salida es que pueden reducir o desplazar a otro lugar la presión en la puerta de salida, algo que aumentaría el flujo de evacuación. Sin embargo, se ha demostrado también que, en algunos casos, su eficacia radica no en mejorar el flujo, sino en prevenir caídas. No hay que olvidar que, en estampidas o situaciones de evacuación, las caídas son una de las principales causas de víctimas fatales por aplastamiento.

Las estampidas humanas se pueden definir como movimientos en una dirección ejecutados por una serie de individuos y las podemos dividir en dos tipos, una motivada por la percepción de peligro y otra motivada por el deseo de obtener algún beneficio. Aunque no todas las evacuaciones de emergencia terminan en estampidas, cuando estas se presentan, acarrean grandes peligros que pueden ocasionar tragedias. Las dos situaciones más críticas son las caídas al tropezarse, que pueden llevar a aplastamientos por pisoteos o por otros individuos que caen encima, y el aplastamiento por presión de otras personas contra las paredes o puertas. Desde el diseño y la arquitectura se pueden concebir obstáculos removibles que puedan ser utilizados según la necesidad y que puedan ser validados de manera teórica a través de modelos matemáticos y de manera experimental por medio de la comprobación con voluntarios. Todo esto puede ser llevado a un nivel más avanzado implementando normativas para que estos desarrollos sean aplicados en construcciones edificatorias y escenarios de congregación de grandes cantidades de personas con el fin de preservar la vida de los individuos.

Para garantizar evacuaciones seguras y eficientes, es necesario abordar tanto los aspectos físicos como los psicológicos de la dinámica de peatones. La planificación adecuada, el diseño consciente y la educación pública son elementos clave para optimizar la respuesta de las personas en situaciones de emergencia, de modo que sea posible una evacuación ordenada y rápida.

Puede comprobarse el potencial de estos trabajos para mejorar la seguridad en edificios de pública concurrencia. El problema con el que nos hemos topado en estos años es que los epicentros de los sistemas de I+D están localizados en unos pocos lugares y en la mayoría de los casos son muy reacios a aceptar ideas ajenas a los canales que consideran más ortodoxos.

Lecturas recomendadas

HELBING, D., *et al.*, "Simulating dynamical features of escape panic", en *Nature*, 2000, vol. 407, pp. 487-490.

HELBING, D., y MOLNÁR, P., "Social force model for pedestrian dynamics", en *Physical Review*, 1995, vol. 51, núm. 5.

REICHER, S., "The Psychology of Crowd Dynamics", en HOGG, M. A., y TINDALE, S. (eds.), *Blackwell Handbook of Social Psychology: Group Processes*, Blackwell Publishers, Malden (Mass.) y Oxford, 2001.

STICCO, I., *et al.*, "Social force model parameter testing and optimization using a high stress real-life situation", en *Physica A: Statistical Mechanics and its Applications*, 2021, vol. 561.

ZURIGUEL, I., *et al.*, "Clogging transition of many-particle systems flowing through bottlenecks", en *Scientific Reports*, 2014, vol. 4, art. núm. 7324.

Complejidad

Climatización sólida

Con Kattalin del Valle de Lersundi

Formada en Arquitectura, Urbanismo y Diseño Sostenible. Gestora de proyectos en el Departamento de I+D+i de Tracasa Instrumental.

En una de las películas de la saga de *La guerra de las galaxias*, en una ciudad atestada de personas y edificios en altura, se produce un incidente dentro de una habitación que acaba destrozada. Al día siguiente los protagonistas hablan sobre lo sucedido, mientras en segundo plano se puede observar a unos robots que vuelan arreglando la fachada de la habitación sin interferir en lo que pasa dentro.

Piénsese ahora en cualquier espacio interior: una vivienda, una oficina o un centro de salud. Son espacios que albergan dispares redes de instalaciones de agua, electricidad o climatización. En muchos casos, además, son instalaciones que estarán empotradas en los sistemas constructivos del edificio, por lo que, si se quiere cambiar un servicio, será complejo y, casi siempre, caro.

El concepto que quisimos desarrollar hace años fue sencillo en esencia: que todas las instalaciones estuvieran en la fachada, de modo que, si hubiera que reparar algo, sustituir una pieza o actualizar sus prestaciones, se haría solo en la fachada, sin interferir en el interior, de una forma similar al cambio de puerta de un vehículo con toda la tecnología multicapa que incorpora. No éramos los primeros, pero, desde nuestra inocencia de jóvenes investigadores, creíamos que íbamos a llegar donde otros no lo habían hecho.

Mientras tanto, trabajando en los antecedentes de la tesis doctoral, encontré información sobre termoelectricidad y las células Peltier, una tecnología también denominada "climatización sólida" y de la que nadie me había hablado durante mis estudios. Es más, cuando pregunté por esta tecnología a profesionales y académicos del área de la termodinámica, vinieron a decir que era una tecnología con un recorrido muy específico sin posibles aplicaciones en la arquitectura.

Seguí indagando y, esta vez sí, tuvimos la suerte de estar en el lugar adecuado en el momento adecuado, pues quiso el destino que en una ciudad pequeña como Pamplona existiera un cierto ecosistema en torno a esta tecnología de la termoelectricidad. En primer lugar, a escasos kilómetros de nuestra escuela existía una empresa familiar especializada desde hacía décadas en construir prototipos y soluciones termoeléctricas para empresas. Además, en otra de las universidades con la que cuenta nuestra ciudad, había (hay) un excelente grupo de investigadores que también trabajaban en esta tecnología con una visión industrial. Todo esto creaba un curioso caldo de cultivo que permitió no empezar de cero.

Obstinados, continuamos con la idea, pues parecía fascinante el contar con una tecnología que se llevara bien con la energía fotovoltaica, ya que ambas trabajan en corriente continua. Pero, sobre todo, lo que más me fascinaba era la posibilidad de colocar ese elemento en fachada. Mi idea era que un día podría llegar montado directamente desde un taller y una grúa trasladaría la fachada completa para colocarla en su emplazamiento final, por lo que también se eliminarían las servidumbres que requieren los sistemas de climatización en su interior, tales como chimeneas, tuberías y demás.

Hablamos con unos, con otros, y la dinámica de la bola de nieve con la que iniciábamos este ensayo hizo el resto: comenzamos con un pequeño proyecto en el año 2009, y en 2024, quince años y cinco proyectos después, seguimos intentando que las fachadas sean más complejas y liberen de servidumbres los espacios interiores. Supongo que la investigación soñada también requiere de cierto tesón e insistencia que a veces se convierte incluso en terquedad. En este tiempo, una de las cosas más bonitas que nos ha pasado fue tener la oportunidad de enviar un prototipo de climatización sólida a la Antártida.

En el V Congreso Nacional de I+D en Defensa y Seguridad (DESEi+d 2017), celebrado en Toledo, los entonces responsables de la base española en la Antártida Gabriel de Castilla expusieron los trabajos de investigación que se habían llevado a cabo en la expedición anterior, así como el  ofrecimiento para utilizar una infraestructura de estas características para el desarrollo de investigaciones civiles que contribuyeran al conocimiento científico. Y eso hicimos. Enviamos el prototipo y obtuvimos lo que para nosotros fueron unos interesantísimos resultados.

Pero, entre aquella sesión ilusionante en Toledo y la publicación de los resultados cuatro años después, los obstáculos no fueron pocos. En primer lugar, el proyecto ya estaba en marcha con un presupuesto y un calendario aprobado por todas las partes. Hubo que argumentar el interés del cambio y, una vez conseguida la aprobación, trabajar contrarreloj para elaborar los dos prototipos, pues el barco en el que viajarían militares, investigadores y prototipos ya tenía fecha de salida. Uno de nuestros prototipos se mandó a la base Gabriel de Castilla y el otro, gemelo del anterior, se quedó en la Universidad para atender, en la distancia, las dudas y problemas que pudieran surgir.

Enviar un prototipo a esas latitudes implicaba experimentar en algunas de las peores condiciones meteorológicas que pueden encontrarse en la Tierra: arena de origen volcánico, viento, bajas temperaturas y un ambiente húmedo salino. Creíamos que, si lográbamos hacer funcionar el sistema en esas condiciones, podríamos lograrlo en cualquier otra parte del planeta.

El prototipo se montó en Pamplona, de modo que todos los componentes estuvieran agrupados y constituyeran un conjunto único que facilitara la logística. Posteriormente se trasladaría primero a Zaragoza, donde el ejército lo recepcionaría, y después a la base en un trayecto que duraría varias semanas. Este viaje de miles de kilómetros supuso otro desafío. Hasta entonces habíamos construido prototipos "fijos", pensados para fachadas con una tecnología tan sensible al montaje como la de las células Peltier, pero en esta ocasión tuvimos que desarrollar un diseño más robusto, con menos piezas y componentes más accesibles que en casos anteriores.

Más allá de las bajas temperaturas previsibles, se tuvieron en cuenta otros dos factores: en primer lugar, el viento cargado de arena de origen volcánico, con una gran capacidad para deteriorar los equipos. En segundo lugar, la oxidación de los componentes y de las zonas expuestas. Hubo que elegir un aluminio con alta resistencia para ambientes salinos, pero con transmitancia térmica menor que otras aleaciones de aluminio. Además, el desafío también radicaba en resolver la complejidad constructiva derivada de tener una pieza metálica actuando como disipador, que atravesaba el espesor del cerramiento exterior del prototipo y generaba así un puente térmico. El módulo se convertía de esta manera en un rompecabezas de diseño constructivo y electrónica de control.

Respecto a la monitorización de las distintas variables, el equipo de investigadores había monitorizado los ensayos anteriores en un entorno de laboratorio que permitía hacer cualquier ajuste y corrección con relativa facilidad. En este caso, el prototipo sería manipulado por personal ajeno al proyecto original, a miles de kilómetros, y tendría que coordinarse su puesta en marcha y registro de datos con el resto de las actividades de investigación que se desarrollarían en la base. Todo esto supuso la oportunidad de redactar un completo protocolo de pruebas que representó una importante ayuda no solo para los propios ensayos, sino para el prototipo principal de fachada del proyecto en Pamplona.

De todos los capítulos que se han desarrollado hasta ahora, este es el que ejemplifica, como una visión alternativa, esa investigación soñada a la que estamos aludiendo repetidamente: puede avanzar tras años de esfuerzo, centenares de miles de euros invertidos y miles de horas de trabajo de equipos de personas.

Decimos *avanzar*, que no *finalizar*. En el momento de redactar estas líneas, el equipo está desarrollando los prototipos para mejorar la ventilación de las viviendas. También estamos implementando el sistema de control, apoyándonos para esto último en la visión que nos ofrece el concepto de estimergia.

Y volvemos de nuevo a la biomímesis. La estimergia es un tipo de comportamiento cooperativo que se observa en sistemas descentralizados, donde los seres vivos no tienen un conocimiento completo del sistema o de las acciones de los demás. En la estimergia, como sucede, por ejemplo, en las colmenas de las abejas, los seres vivos se coordinan entre sí, dejando pistas o marcas en el medioambiente que son seguidas por otros. En nuestro caso, el objetivo es que los sistemas de climatización sólida de los locales ocupados se comuniquen entre sí para saber las acciones que deben realizar, sin pasar por un ordenador de control central, aumentando así la resiliencia del conjunto del edificio.

Tras estos avances, la investigación que soñamos es poder llevar a la realidad, al mercado, una tecnología que camina a contracorriente de lo establecido y que requiere de un marco normativo propio para su desarrollo. Sin normativa no hay mercado, sin mercado no hay investigación aplicada, y entonces la investigación aplicada es solo un trabajo académico.

Lecturas recomendadas

ADDIS, B., *Building: 3000 Years of Design Engineering and Construction*, Phaidon Press Limited, Londres y Nueva York, 2007.

HÅRD, M., y MISA, T. J. (eds.), *Urban Machinery: Inside Modern European Cities*, The MIT Press, Cambridge (Mass.), 2010.

MANCUSO, S., *El futuro es vegetal*, Galaxia Gutenberg, Barcelona, 2017.

NEILA GONZÁLEZ, F. J., *Arquitectura bioclimática en un entorno sostenible*, Munilla-Lería, Madrid, 2004.

Electrodomésticos sin cables

Con Sara Dorregaray-Oyaregui
Arquitecta. Universidad de Navarra - Fundación Cátedra Saltoki.

Cuando hojeo los periódicos locales de barrios y comunidades siempre me parece patético que gran parte de sus pertrechos (transformadores, bombas, equipos de alta fidelidad, generadores luminosos, proyectores, etc.) todavía tengan que enchufarse en alguna parte[46].

Con los prometedores desarrollos de la tecnología es previsible que en un futuro cercano las instalaciones se diseñen de un modo distinto a como se hace en la actualidad, ya que la tendencia natural de los sistemas complejos es ocuparse de lo esencial y, a la vez, mejorar las prestaciones, por lo que es lógico pensar que muchas de las soluciones actualmente en uso queden obsoletas. Entonces, ¿desaparecerán las conexiones eléctricas en favor de que cada aparato, luminaria o electrodoméstico tenga su propia pila de combustible? ¿Se reducirá la casa del futuro a un espacio vacío donde la regulación térmica venga del suelo, la luz sea de electro-

---

46. PAPANEK, V., *Diseñar para el mundo real. Ecología humana y cambio social*, Pol·len, Barcelona, 2014, pp. 162-163.

luminiscencia mediante cristales líquidos, y el sonido y la imagen surjan de las paredes tal y como proponía Philippe Starck?[47]

En la actualidad, la mayoría de los aparatos de uso cotidiano necesitan electricidad: las luminarias, los diferentes electrodomésticos, los ordenadores... Pero piénsese en el tamaño y la durabilidad de los primeros teléfonos móviles y los diseños que ofrece hoy la industria. Si a esta evolución funcional y de diseño se suma la aplicación de nuevas tecnologías, como las minipilas de hidrógeno[48], ¿alguien se atreve a decir que no sería posible que cada aparato de uso cotidiano no saliera directamente de fábrica con una pila en su interior que durara años? El electrodoméstico en cuestión (televisión, tostadora, impresora...) llegaría a casa, se colocaría, se pulsaría un botón y funcionaría durante toda su vida útil sin la atadura de ningún cable (¿utopía lejana?, ¿veinte años?). ¿Podría tratarse de sistemas de inducción optimizados de modo que la encimera de una vivienda fuera la responsable del funcionamiento de los electrodomésticos, tal y como hacen los teléfonos?[49] ¿Qué sucedería si la puerta de un frigorífico tuviera un panel fotovoltaico supereficiente y funcionase simplemente con radiación difusa?

Este planteamiento choca con los esquemas tradicionales de viabilidad económica de las empresas, pues nos alejaríamos de la obsolescencia programada y nos acercaríamos a casos de muy larga vida útil de los electrodomésticos. Nos centraremos ahora en los electrodomésticos sin cableado y dejaremos las disquisiciones sobre su vida útil en un sutil punto y aparte.

---

47. Cfr. STARCK, P., en *Arquitectura y Diseño*, 2002, núm. 17.

48. En 1783 se separó el oxígeno del hidrógeno en el agua, en 1874 Julio Verne profetizó el uso del hidrógeno como el "carbón del futuro" y en 1969 la pila de combustible formaba parte del Apolo 11.

49. Ya existen planteamientos en esta línea, como televisores "completamente inalámbricos", en palabras del propio fabricante.

Pasemos a pensar, por ejemplo, en el uso de las redes de voz y datos. En España, en el año 2001, quien tuviera que cambiar de sitio su punto de conexión debía mover el equipo completo (CPU, monitor, teclado, ratón, impresora...). Veinte años después existen multitud de posibilidades para recibir y enviar información por vía inalámbrica. Es un ejemplo de una red que ha desaparecido. Si se pretende cambiar la distribución de una vivienda o una oficina, esta instalación, que hasta hace relativamente poco era necesaria, ahora continúa siéndolo, pero no existe en términos constructivos.

Pienso que, realmente, no somos conscientes del impacto que los electrodomésticos tienen en nuestra rutina cotidiana, de lo electrodependiente que nuestra sociedad se ha vuelto. Llegaría a arriesgarme a decir que incluso el origen del estrés y de la necesidad de inmediatez de nuestra sociedad es la electricidad, pero me alejaría del tema.

Estas reflexiones llegan de una experiencia personal, anómala a ojos de nuestra desarrollada sociedad occidental: vivir sin electricidad cinco meses consecutivos. Este imprevisto se dio por un error administrativo, fruto del cual me vi obligada a mudarme a una casa que no disponía de electricidad. Como en otros ámbitos que afectan a la vida rural, la tramitación de expedientes fue exasperante por su lentitud.

¿Cómo se puede gestionar esto? Es muy difícil y complicado mantener el ritmo de tareas y vida que llevamos hoy en día, teniendo en cuenta que en la actualidad mi casa funciona al 100 % con electricidad. Es decir, que no podía ni cocinar, ni calentar el agua ni cargar los teléfonos. No al menos de la manera que habitualmente lo hacemos. Me preocupó ver como arquitecta la rigidez de los productos que usamos, que el mercado nos ofrece. ¿Qué pasaría si nuestra electrodependencia fuera híbrida? Es decir, un resultado equivalente a las soluciones que tuve que buscar: cocina de gas, luces de batería, baterías portátiles, generadores... ¿Y qué

pasaría si pasáramos a tener elementos portátiles autoalimentados? Teniendo en cuenta que nuestras viviendas cada vez son más multiusos, con espacios diáfanos, adaptables, ¿por qué no lo son los electrodomésticos y, por ende, la fuente de energía que utilizan?

Sea cual fuere la solución a estas disquisiciones, el resultado sería similar: un espacio sin tomas de corriente ni datos, más sencillo para el usuario, sin aparentes limitaciones, con una mayor complejidad técnica. Este cambio no solo afectaría a los edificios, ya que en la medida en que estos disminuyeran sus consumos de electricidad (los aparatos vendrían "alimentados" por años), el paisaje energético urbano también cambiaría.

Nos explicamos: la realidad actual es que el crecimiento de instalaciones fotovoltaicas, y en general de las energías renovables, genera graves desequilibrios en la red eléctrica. Pero, si estas instalaciones se complementaran, por ejemplo, con instalaciones descentralizadas de electrolizadores, tendríamos la posibilidad de convertir los excesos de la energía eléctrica en hidrógeno, que podría ser acumulado en pequeños cartuchos insertables a los electrodomésticos o a otros usos, algo que incrementaría la resiliencia energética de los núcleos urbanos.

Con avances como estos, las posibilidades de las instalaciones y de los sistemas energéticos en los edificios y en la ciudad solo dependen de la imaginación de los proyectistas… ¿y de la inteligencia artificial?

Lecturas recomendadas

ARAÚJO, J., *Los árboles te enseñarán a ver el bosque*, Planeta, Barcelona, 2020.
FUMADÓ ALSINA, J. L., PARICIO, I., *El tendido de las instalaciones*, Bisagra, Barcelona, 1999.
SCHAPIRE, A., *La traición progresista*, Península, Barcelona, 2021.

Inodoro, sin o con poca agua, bonito y útil

Con Riccardo Vannucci

Después de años de trabajos dispares y reflexiones dispersas entre Roma, África y Medio Oriente, Riccardo vive ahora en Suiza, donde continúa intentando dar contenido a la relación entre práctica e ideología en el ámbito arquitectónico y donde, ocasionalmente, comparte con estudiantes y amigos lo que siente que ha entendido, no siempre con éxito.

A quien me quiera oír siempre se lo digo: "Este es el proyecto con el que me gustaría jubilarme".

Es este un proyecto que realmente impactaría en las personas, necesario y complejo. Todo un reto. De hecho, ni la mismísima Bill & Melinda Gates Foundation ha conseguido resolverlo (todavía) a pesar de todos los esfuerzos que ha empleado en el concurso "Reinvent the Toilet Challenge".

Por otra parte, es cierto que hay mucho recorrido, que hay muchas soluciones existentes, muchos profesionales involucrados en el mundo, pero la realidad también es que, según la Organización Mundial de la Salud, en 2022 había 3500 millones de personas en el mundo que no tenían acceso a servicios de saneamiento gestionados de forma segura. De estos 3500 millones de personas, 1900 millones solo contaban con servicios básicos de saneamiento, como letrinas compartidas o alcantarillas sin tratamiento. Unos 419 millones todavía defecaban al aire libre, lo que ponía en peligro su salud y calidad de vida.

Esta realidad contrasta con el hecho de que el reciclaje prácticamente total de agua ya existe, solo tenemos que ver qué sucede en la estación espacial internacional. Se trata de un sistema caro, carísimo, pero que demuestra su viabilidad. Ahora solo quedaría hacerlo "peor", de modo que a un precio inferior podamos tener una solución asequible para todos[50, 51].

Permítannos un pequeño salto. Recuerdo la apasionante historia de los comedores de SEAT en Barcelona, y cómo los ingenieros aeronáuticos trabajaron entonces en el edificio como en los aviones, con tolerancias inferiores al milímetro, y los arquitectos con la tolerancia que permitía la arquitectura española en 1956. Que sean tolerancias distintas no implica que la arquitectura sea menos rigurosa, es que las formas de trabajo son diferentes, pues sus aplicaciones y requisitos de seguridad son distintos. Y al hacerlo "peor", en el sentido de aplicar una tolerancia mayor, el producto final, el edificio, puede ser más barato[52].

Otro pequeño salto narrativo. Las genialidades las inventan los genios. Y como son genios, pues no hay muchos. Lo que sí podemos hacer los que no somos genios es no tratar de emularlos y sí aplicar sus avances a nuestro trabajo cotidiano. Es decir, no tratar de inventar la rueda cada día. Podría parecer que este paradigma va en contra del espíritu de este ensayo, pero en realidad lo que quiero transmitir es que, si algo existe, mejorémoslo y tratemos de avanzar, ahí sí, en nuestra área de trabajo cotidiana.

50. "NASA Achieves Water Recovery Milestone on International Space Station", <https://www.nasa.gov/missions/station/iss-research/nasa-achieves-water-recovery-milestone-on-international-space-station/> (consulta: 5 de marzo de 2024).

51. "Everyday Tech From Space: Water Recyclers Make Pee Potable", <https://www.space.com/10725-space-spinoff-technology-water-recycling.html> (consulta: 5 de marzo de 2024).

52. OCHOTORENA, J. M. (dir.), *Comedores de la SEAT*, colección Arquitecturas Contemporáneas 2, T6 ediciones, Pamplona, 1999.

Opino que, si trasladamos estas elucubraciones al tema que nos ocupa, el inodoro sin agua (el sistema de saneamiento fecal óptimo) debería pasar por las siguientes fases:

- consideraciones sobre la fisiología humana y la ergonomía necesaria,
- análisis de soluciones existentes en ámbitos diferentes al arquitectónico,
- mejoras desde un planteamiento arquitectónico y de diseño,
- uso como base de alerta médica temprana (algo que con el COVID-19 ya se ha generalizado con sensores para medir indicadores de enfermedades en aguas fecales),
- uso como base energética.

Se trata de una visión que comparto desde hace años con Riccardo Vannucci, quien se expresaba mejor que yo sobre este tema con los siguientes párrafos cuando le pregunté por el inodoro sin agua del futuro.

Me imagino un estudio "by-design" de un bloque sanitario para ser instalado en contextos pobres o remotos (idealmente, escuelas u otras instituciones con acceso público, como centros de salud o mercados) en economías pobres o comunidades desfavorecidas.

Sin ser demasiado sutil desde un punto de vista epistemológico, esto sería "investigación aplicada", más específicamente, "investigación por diseño"', típica de gran parte de la práctica arquitectónica; el campo de acción es el del artefacto a pequeña escala, un modelo que se puede hacer y reproducir con pocos medios; se trata de imaginar un sistema integrado, fácilmente reproducible y escalable que cumpla con los requisitos de seguridad, higiene, sostenibilidad e inclusión.

La elección de las escuelas como la ubicación ideal para los bloques de saneamiento se deriva de la relevancia que podrían tener en la comunidad en general. Sin embargo, muchas otras ubicaciones son posibles, como es lógico[53].

Por supuesto, esto no es nada nuevo; existe una literatura interminable sobre el tema que data del inicio de la compleja y ambigua historia de la cooperación técnica internacional, y que recientemente ha tomado fuerza luego de varios años de relativo silencio. Sin embargo, a pesar de la proliferación de iniciativas y estudios, las cifras respecto a la insuficiencia de los servicios de saneamiento a nivel mundial son impresionantes, señal de que aún queda mucho trabajo por hacer, ciertamente, desde el punto de vista político, pero también desde el punto de vista técnico y cultural.

Sin embargo, y ahí radica el interés potencial y perdurable de tal tema de investigación, por diversas razones creo que hay espacio para producir una reflexión original y útil. De hecho, la investigación permitiría, o más bien impondría, la consideración de varios aspectos potencialmente estimulantes y críticos.

El primero se relaciona con el papel de la cooperación internacional; algo inevitable cuando se considera que la investigación estaría basada (y financiada) por economías ricas, y quizás este siga siendo el escenario más probable para este tipo de intervención. La cooperación internacional tal vez deba perseguir la elaboración de modelos y propuestas alternativas a las prácticas actuales y no el mero subsidio económico de los modelos existentes localmente, pero no se puede decir que ese sea su modus operandi. *En teoría, la responsabilidad de estas instituciones debería ser precisamente la de elaborar propuestas innovadoras con respecto a los contextos, que luego orientarían la industria local, desencadenando prácticas virtuosas. Este mandato, históricamente, ha*

---

53. MARTÍN-GÓMEZ, C., *et al.*, *Water and Sanitation Hub in Mali. Reasons for An Architecture Seminar*, EUNSA, Pamplona, 2020.

mostrado límites importantes que, en lugar de debilitarse, parecen agudizarse con el tiempo: un tema como el saneamiento, aparentemente muy circunscrito a un área concreta, es particularmente problemático desde el punto de vista cultural y solo puede ser abordado con el contacto directo con los actores locales, con distintas experiencias y sensibilidades, circunstancia que no siempre ha estado en el centro de las intervenciones vinculadas a la cooperación internacional.

Estrechamente ligado al papel de la cooperación internacional, está también el tipo de enfoque que parece caracterizar la investigación en saneamiento, muchas veces de carácter técnico-ingenieril; pues bien, este enfoque parece estar presente en gran parte de la modesta eficacia de las acciones impulsadas hasta la fecha. En otras palabras, en efecto, es fundamental tener en cuenta la investigación y la experiencia de carácter técnico, en la línea, por así decirlo, de lo que persigue la Fundación Gates, pero el problema es precisamente el de situar estas propuestas técnicas en el sentido más amplio posible. Se trata de contextos intelectuales, que toman en cuenta los componentes más difíciles de describir en términos de cantidades y números.

Este es el tema subyacente de una distinción hipotética entre diseño e ingeniería, al menos tal como yo la entiendo: el diseño establece principios, la ingeniería encuentra soluciones que respetan esos principios.

En decir, la cuestión principal es acompañar la investigación técnica con una adecuada reflexión sociocultural, encaminada a esclarecer los supuestos e implicaciones de un modelo de salud elaborado y vigente en contextos muy alejados de los aquí referidos.

El modelo sin agua, si se presenta de esta manera, corre el riesgo de sugerir una respuesta exclusiva o principalmente tecnocrática, como un mero problema que resolver, mientras que la cuestión se refiere a la forma misma en que se plantea el problema.

Lo que parece necesario es un enfoque auténticamente multidisciplinar e integrado, competente pero no especializado, en el que los aspectos materiales sean solo la parte inmediatamente tangible de una intervención que no puede ignorar la dimensión conductual, psicológica, cultural de una actividad irreductible a sus elementos meramente mecánicos.

Por cierto, todo esto converge en otro factor de interés, relacionado con la naturaleza misma de la práctica arquitectónica y su identidad teórica: ¿es el diseño de un bloque sanitario el objeto del trabajo de un arquitecto?, ¿los elementos con los que está equipado, y que deben estructurar la formación, son adecuados para tratar este tipo de problemas?

Si aceptamos la hipótesis completamente arbitraria de que la especificidad arquitectónica debe consistir en un enfoque deliberadamente generalista (pero no genérico), multidimensional y complejo, entonces la respuesta solo puede ser afirmativa. El arquitecto no solo puede resolver problemas, sino que debe, sobre todo, plantear los problemas en su perspectiva más amplia y cuestionar sus propios supuestos.

Básicamente, esto significa definir los atributos a los que el objeto debe responder en términos de rendimiento, pero ampliarlos para incluir aspectos específicos de su gestión y mantenimiento a lo largo del tiempo.

Este objeto se definiría como "arquitectónico" cuando, al interpretar una necesidad (primaria), lograra trascender sus contenidos mundanos para convertirse "también" en una oportunidad de dignidad y bienestar, de sentido y autorrepresentación, e incluso de belleza, si la calidad "estética" del espacio producido y la dignidad de la experiencia brindada pudieran constituir la principal garantía, o condición, para su perdurabilidad.

En la especificidad de las posibles vías de desarrollo de la investigación, algunos puntos podrían jugar un papel orientador. Ine-

vitablemente, sería aconsejable un enfoque tipológico: el "tipo" indica la definición de un sistema funcional, espacial y constructivo lo suficientemente genérico como para permitir múltiples resultados, para ser en cualquier caso reconocible y, en consecuencia, replicable y escalable. Esto podría conducir a un sistema formado por componentes ensamblables, en lo posible fáciles de programar, y luego autoconstruidos.

En términos técnicos, el polo de saneamiento debería concebirse como aislado y autónomo: se trataría de permitir un uso racional de los recursos, que privilegiara formas de tratamiento de residuos verdaderamente sostenibles y, en la medida de lo posible, "expuestas" (me refiero a la integración de la evapotranspiración a través de las plantas, por ejemplo), a fin de constituir la demostración tangible y visible de una posible práctica correcta y virtuosa.

Sería entonces especialmente relevante asociar otras funciones a la de salud, en todo caso central: incorporar otros posibles medios de finalidad, en particular, incluir en el programa la prestación de otros servicios de utilidad pública, como los de comunicación social, energía y abastecimiento de agua, hasta imaginar la posible recogida de datos epidemiológicos.

Lecturas recomendadas

Esta selección necesita algunas aclaraciones: se trata, evidentemente, de una propuesta irónica, pero no provocativa, que remite a la necesidad de enfatizar la dimensión sociocultural del tema que estamos discutiendo, frente a la eminentemente técnica.

ALEXANDER, C., *The Timeless Way of Building*, Oxford University Press, Nueva York, 1979, versión en castellano: *El modo intemporal de construir*, Gustavo Gili, Barcelona, 1981.

VENTURI, R.; SCOTT-BROWN, D., y IZENOUR S., *Learning from Las Vegas*, MIT Press, Cambridge (Mass.), 1972, versión en castellano: *Aprendiendo de Las Vegas*, Gustavo Gili, Barcelona, 1978.

ZUMTHOR, P., *Thinking Architecture*, Lars Müller Publishers, Baden, 1998, versión en castellano: *Pensar la arquitectura*, Gustavo Gili, Barcelona, 2016.

Urbanismo y salud

Con Elena Lacilla-Larrodé
Universidad de Navarra. Profesora contratada doctora del Departamento de Teoría, Proyectos y Urbanismo de la Escuela Técnica Superior de Arquitectura.

Hace unos años, antes de la pandemia (que es ahora como dividimos el tiempo: antes o después de la pandemia), estaba leyendo un texto en la revista *National Geographic* sobre epigenética. No sabía qué era aquello, pero, al indagar un poco más sobre este tema, pensé en las interacciones que podría haber entre la epigenética del cáncer, el urbanismo y las instalaciones de los edificios. Al fin y al cabo, la mayor parte de la población vive en entornos urbanos y, por ende, en edificios.

Trabajé durante algunos días esa hipótesis. Lógicamente, en el ámbito de la epigenética carecía de los más mínimos conocimientos, así que, con algunas lecturas adicionales en profundidad y poco más que una intuición, me propuse encontrar algún especialista en estos temas en nuestra universidad. Y tuve ocasión de encontrar a Felipe Prósper y su equipo.

Felipe lleva años trabajando en el Centro de Investigación Médica Aplicada (CIMA), en Pamplona. Los números de personas involucradas, presupuestos de los proyectos realizados y en marcha, los premios conseguidos o, lo más importante, las repercusiones de su trabajo en las vidas de personas son… impresionantes, y aún más si los comparamos con la investigación arquitectónica "clásica".

La reunión que mantuve con Felipe Prósper me condicionó muchas semanas de trabajo en los meses posteriores, pues en una conversación directa le pude exponer sin ambages mi visión, mis dudas y todas mis carencias. Él contestó del mismo modo, sin paños calientes: "Este proyecto está en las fronteras de la medicina, básicamente porque los problemas de la medicina se tratan desde el punto de vista médico y una visión así plantearía nuevos retos, nuevas preguntas y, lo que es más importante, nuevas respuestas, así que debemos ponernos ya a ello" (espero que Felipe me permita trasladar así el recuerdo de aquella conversación).

Los mecanismos epigenéticos se refieren a cambios hereditarios en la expresión genética que ocurren en una célula sin producir cambios en la secuencia genómica. Los mecanismos epigenéticos mejor estudiados implicados en la regulación de la expresión génica son la metilación del ADN y las modificaciones de histonas. El recuento global de modificaciones epigenéticas constituye el epigenoma, y este epigenoma dictará qué genes se expresarán o no en cada una de nuestras células. Las alteraciones en los mecanismos epigenéticos juegan un papel clave en el desarrollo de diferentes síndromes, patologías y enfermedades humanas. Pero, a diferencia de las alteraciones genéticas, las alteraciones epigenéticas son reversibles, por lo que son dianas interesantes para el desarrollo de nuevas estrategias terapéuticas que mejoren el tratamiento y la calidad de vida de todos aquellos pacientes con estas diferentes enfermedades.

El resultado fue un proyecto de investigación que relacionaba epigenética del cáncer, urbanismo e instalaciones.

La hipótesis del trabajo que planteamos entonces era la siguiente: ¿cuál es la relación existente entre la epigenética del cáncer y las variables de calidad del aire de los edificios y las ciudades?, ¿cuál es la metodología que debe seguirse para analizar dicha relación? Es decir, se trataba de discernir qué patologías humanas del ámbito de la epigenética del cáncer pueden deberse a distintos tipos de realidades arquitectónicas y urbanísticas.

Se trataba de un proyecto complejo, de clara y necesaria vocación multidisciplinar, que requería de una metodología con una recopilación sistematizada de datos relacionados con el ámbito de la salud, la arquitectura y el urbanismo mediante muestras clínicas, ensayos de la calidad del aire y entrevistas sobre los hábitos de vida. La interpretación de todos los datos se gestionaría mediante el uso de las herramientas informáticas de sistemas de información geográfica (GIS).

El diseño urbano influye directamente en el modo en el que vivimos. Todo el desarrollo urbano de un área ha sido previamente planificado, y cómo van a vivir los futuros habitantes ha sido una cuestión que se ha preguntado el urbanista previamente. Por su parte, la lectura de ese diseño urbano ya existente aporta una valiosa información sobre la historia de nuestros antepasados y por qué hoy vivimos y habitamos nuestros pueblos y ciudades de la forma en que lo hacemos. De hecho, para intervenir en una ciudad, ya sea en su periferia, creando un nuevo barrio, o en su tejido existente a través de una propuesta de regeneración, se hace imprescindible un estudio exhaustivo de la situación de partida. Atinar con el diagnóstico y conocer en profundidad el ámbito de actuación se puede considerar una tarea muy similar al reconocimiento que practica un médico para tratar a su paciente.

Los campos del urbanismo y la salud han estado estrechamente relacionados a lo largo de la historia: las soluciones implantadas desde el urbanismo han influido en la prevención de enfermedades y el cuidado de la salud. Dichas soluciones han tomado diferente enfoque y metodología; en primer lugar, se aplicaron desde la ingeniería de la salud y, en segundo lugar, se estudiaron desde la técnica del mapeo urbano.

En cuanto a la ingeniería de la salud, lo que movió a los urbanistas del siglo XVIII a pensar de nuevo las ciudades no fue la crisis económica, sino problemas de salud pública, enfermedades que afectaban tanto a ricos como a pobres. Las ciudades habían estado siempre expuestas al peligro de las pestes. A finales de la Edad Media, la peste bubónica acabó con una tercera parte de la población de Europa. Seguidamente, en cuanto las primeras ciudades modernas se hicieron más grandes y más densas y, por tanto, aumentó la acumulación de orina y materia fecal, se convirtieron en excelente caldo de cultivo para la proliferación de ratas y la difusión de las enfermedades de las que estos animales eran portadores. De este modo, los primeros urbanistas que se empeñaron con toda energía en enmendar estas condiciones fueron ingenieros, no médicos. La ingeniería civil no era una profesión que gozase de un gran prestigio popular, pero en la generación de Cerdà los ingenieros se convirtieron en figuras heroicas porque afrontaron los problemas de salud pública de modo más activo que los médicos, quienes carecían de ideas concretas para prevenir la tuberculosis o las causas de las pestes. Erróneamente, se consideraba que el cólera se propagaba por el aire y no por el agua; también las calles infectadas de peste estimularon a los ingenieros a reflexionar sobre la fabricación de los materiales que se utilizaban en la construcción y, de la misma manera, inventos como el urinario público, ideado en París en 1843, marcaron un auténtico progreso en la salud pública. De esta forma, la ingeniería de la salud pública, tanto bajo tierra como a nivel del suelo, fue un gran logro del siglo XIX.

Así, el mapeo urbano constituyó una metodología que ha ayudado a detectar cuál es el motivo o cuáles son los factores urbanos que fomentan y propagan una enfermedad que afecta a su pobla-

ción. El trabajo con información georreferenciada ha sido útil incluso desde antes de la invención del ordenador. Un ejemplo es el mapa del cólera, que, realizado por John Snow en 1854, consiguió ubicar y, por tanto, erradicar, el origen de un importante brote de esta enfermedad en el londinense barrio del Soho, o el famoso mapa de la pobreza de Londres de 1898-1899, publicado entre 1902 y 1903 por Charles Booth, donde utilizaba coropletas en la edificación para indicar por calles la clase social de sus habitantes.

Planteábamos encontrar una metodología clara, robusta y replicable para evaluar la exposición ocupacional a contaminantes en espacios interiores, para después analizar la distribución espacial, arquitectónica y urbana de los contaminantes, identificando las zonas más afectadas y su posible fuente de emisión. Después, se podría evaluar la influencia de la meteorología en los niveles de concentración y establecer el grado de exposición ocupacional. Tal vez, georreferenciando todos estos datos, la metodología desarrollada permitiría detectar qué factores urbanos pueden afectar a una enfermedad, y arrojar luz sobre el vínculo entre la enfermedad y su entorno arquitectónico y urbano.

Un proyecto así requería localizar, cotejar y poner en marcha varias fuentes de datos independientes en tres ejes: parámetros urbanos y arquitectónicos, datos de salud pública y datos ambientales. La atención se centraría en definir y encontrar qué datos podrían usarse y cómo deberían organizarse para una extracción y explotación eficientes. El método incluiría buscar y rastrear fuentes y repositorios de datos, crear una infraestructura de metadatos para organizar los hallazgos, crear guiones para la extracción eficiente de fuentes seleccionadas, investigar los organismos que poseen datos para acceder a datos bloqueados, identificar fuentes digitalizadas o no digitalizadas y evaluar si son necesarias y si podrían incorporarse al sistema de datos.

Lecturas recomendadas

ARIZMENDI BARNES, L. J., *Instalaciones urbanas. Infraestructura y planeamiento. Infraestructura energética y de comunicaciones*, tomo III, 2.ª parte, Bellisco, Madrid, 1995.

JACOBS, J., *The Death and Life of Great American Cities*, Random House, Nueva York, 1961, versión en castellano: *Muerte y vida de las grandes ciudades*, Capitán Swing, Madrid, 2012.

SENNETT, R., *Construir y habitar*, Anagrama, Barcelona, 2019.

Metano

Con Jesús Miguel Santamaría

Doctor en Biología y Medioambiente y catedrático de Química Analítica. Universidad de Navarra, director del Instituto de Biodiversidad y Medioambiente (BIOMA).

Se ha ignorado completamente la totalidad del campo de la digestión aerobia y anaerobia. [...] El público ignora en gran manera las gigantescas fuentes de energía que pueden extraerse de nuestros procesos corporales de putrefacción, digestión y excreción. Y sin embargo, a mi modo de ver, el reciclaje de esta energía constituiría el primer paso lógico en el establecimiento de un nuevo estilo de vida.

La tecnología de la investigación de nuestros días es perfectamente capaz de perfeccionar un convertidor de energía primario, el cual, sirviéndose de los sistemas de digestión anaerobia, haría que una casa se independizase totalmente del exterior. [...] La obtención de energía mediante reciclaje biológico no solo posibilitaría la verdadera independencia, sino que también supondría un notable avance ecológico[54].

El metano, un gas de efecto invernadero con un potencial de calentamiento global considerablemente mayor que el dióxido de carbono, plantea un desafío crítico en la lucha contra el cambio climático. Originado en una variedad de fuentes, incluyendo la agricultura, la industria del petróleo y gas, y los vertederos, el me-

---

54. PAPANEK, *op. cit.*, pp. 162-163.

tano es ahora el centro de estrategias innovadoras diseñadas para no solo mitigar sus efectos nocivos, sino también para transformarlo en un recurso beneficioso.

El metano se origina de forma natural por la descomposición de sustancias orgánicas en ambientes pobres en oxígeno, como el que tiene lugar en los sistemas de saneamiento de edificios y ciudades. También se produce en el sistema digestivo de rumiantes y otros animales. Así, desde hace décadas se lleva a cabo su valorización en explotaciones porcinas y vacunas, obteniéndose un biogás utilizado en la cogeneración que alimenta las propias instalaciones de las granjas.

Algunas de las estrategias clave orientadas a la reducción del metano, aplicables en diferentes ámbitos sectoriales, serían las siguientes:

- Agricultura y ganadería. En la esfera agrícola, el enfoque en la gestión del metano se concentra en minimizar las emisiones del ganado y en aprovechar de manera sostenible los residuos orgánicos. Los avances incluyen dispositivos portátiles colocados en la nariz de las vacas para convertir el metano en CO_2 y estrategias de alimentación mejoradas con productos como las algas, que inhiben la formación de metano, o los probióticos avanzados, que reducen las emisiones de metano en el ganado. La digestión anaeróbica avanzada en plantas de tratamiento de aguas residuales y vertederos también juega un papel crucial en la captura eficiente del metano generado por la descomposición de residuos.

- Industria y tecnología. La industria se enfoca en la utilización del metano para producir materiales avanzados, como grafeno y nanotubos de carbono, así como en la minería de metano. Innovaciones como la captura directa de metano del aire (DAC) y los sistemas de biofiltración con plantas demuestran un progreso significativo en la reducción de emisiones industriales. Además, la incorporación de metano en bioplásticos biodegradables y su uso como fuente de calor en procesos industriales revelan su potencial como recurso sostenible.

— Energía y almacenamiento. La tecnología *Power-to-Methane* (P2M) y el desarrollo de baterías de flujo que utilizan metano representan un enfoque revolucionario en la conversión y almacenamiento de energía renovable. La generación de electricidad con microturbinas de metano en comunidades aisladas y el almacenamiento de energía en forma de metano líquido ofrecen soluciones prometedoras. El reformado de metano con captura de carbono para producir hidrógeno verde y su uso en minería subterránea como fuente de energía resaltan su versatilidad. Asimismo, el control de fugas en la industria del petróleo y gas mediante la identificación y reparación de fugas significativas es vital para reducir las emisiones.

— Transporte y combustibles alternativos. La creación de combustibles sintéticos a partir de metano para vehículos y maquinaria pesada y el desarrollo de celdas de combustible de metano para vehículos eléctricos presentan alternativas más limpias a los combustibles fósiles. La investigación sobre el uso de metano sintético en la aviación busca disminuir el impacto ambiental en este sector.

— Alimentación y producción de materiales. El metano como fuente de carbono para el cultivo de microorganismos proteicos ofrece una alternativa sostenible a los productos cárnicos. La producción de materiales de construcción sostenibles y la conversión de metano en biopolímeros abren nuevas posibilidades de uso.

— Medioambiente y concienciación. La implementación de parques de metano para la absorción atmosférica y el impulso hacia una agricultura sostenible que minimice las emisiones destaca la importancia de la gestión ambiental. Los proyectos artísticos y culturales que aumentan la conciencia sobre el impacto del metano en el cambio climático son esenciales para la educación y sensibilización ambiental.

La diversidad de estrategias disruptivas para gestionar el metano evidencia un enfoque integral y multidisciplinar en la batalla contra el cambio climático. Este enfoque multifacético no solo contribuye a mitigarlo, sino que también impulsa la innovación y el desarrollo sostenible en diversos sectores.

Tras estas explicaciones sobre el metano, nos gustaría exponer con un ejemplo cómo los investigadores hemos ligado urbanismo, residuos, arquitectura y metano en un proyecto que, aunque ha sido denegado en diferentes convocatorias, mantenemos la ilusión por sacar adelante. Soñamos con lograrlo algún día, pero tantos rechazos, en distintas convocatorias, con distintos revisores, siempre nos hacen reflexionar sobre la viabilidad del proyecto, si nos estaremos equivocando o no. Dejemos que el lector tenga su propia opinión sobre cuán errados estamos…

Partimos del hecho de que las ciudades cada vez son más densas. En ellas se agrupan edificios más y más altos que, en la mayoría de los casos, tienen la posibilidad de ser cada vez más herméticos, pues las normativas buscan reducir las infiltraciones de aire indeseadas.

Esta situación hace que, simplificando la compleja realidad, los servicios donde puede encontrarse el metano, como la ventilación de las redes de saneamiento fecal, las ventilaciones de los cuartos de residuos sólidos urbanos o las ventilaciones de los aseos, estén agrupadas y en su mayoría viertan ese aire con metano a través de la cubierta.

Con este punto de partida, el objetivo era, es, analizar en términos energéticos, constructivos, económicos y regulatorios la viabilidad de aprovechar el metano generado en los edificios para utilizarlo como soporte de sistemas de producción de calor (aprovechamiento de recursos energéticos) o para producir otros bioproductos (bioplásticos, ácidos orgánicos o vitaminas). Paralelamente, y no menos importante, es reducir la liberación de metano a la atmósfera.

Hay que considerar que el ser humano también emite metano —es cierto que en cantidades mucho menores que los animales a los que aludíamos antes—, pero son miles de millones de personas las que emiten metano como consecuencia del proceso digestivo, fundamentalmente.

Pero ¿cuánto metano emite una persona? Hay estudios al respecto, pero la casuística es muy variada, por lo que en uno de los proyectos incluso planteamos desarrollar una metodología analítica con uno de los equipos de investigación de Medicina de nuestra universidad, para determinar con precisión cuál es la cantidad promedio de metano producida por las personas que se someten a colonoscopias en quirófanos, estimando las fluctuaciones en la emisión de metano según la dieta de cada paciente.

Es previsible que la energía que se puede obtener con un sistema de recuperación de metano en los sistemas de ventilación de las viviendas no sea elevada. Por otra parte, debido a la falta de tecnología específica para este tipo de procesos, se espera que las primeras soluciones técnicas que se desarrollen sean costosas. Sin embargo, los  proyectos pretendían actuar en cientos de miles de hogares, por lo que, aunque la aportación fuera pequeña, podría ser considerable a escala nacional. Además, en términos económicos, en la medida en que se replique esta solución, los costes de fabricación y mantenimiento serían más baratos.

Hay que tener en cuenta que, para conseguir un edificio cero emisiones, las diferentes líneas de investigación internacionales no abogan por implantar una única medida en los edificios (ya sea fotovoltaica, termosolar, eólica a pequeña escala o recuperación de calor), ya que, dadas las particularidades de los distintos tipos de edificios, es difícil conseguir la autonomía energética con una única medida. Por este motivo, se recomienda la implementación de distintos tipos de recursos energéticos que permitan superponerlas, con almacenamiento e incluso venta a empresas proveedoras de energía.

Por tanto, la gestión efectiva del metano requiere un enfoque holístico que abarque desde la innovación tecnológica hasta la acción colectiva y la toma de conciencia. A través de un esfuerzo colaborativo y multidimensional, es posible transformar el desafío del metano en una oportunidad para avanzar hacia un futuro más sostenible y resiliente ante el cambio climático. La lucha contra las emisiones de metano es, en última instancia, una lucha por un planeta más saludable y un legado más sostenible para las generaciones futuras.

Lecturas recomendadas

Tectónica: Monografías de Arquitectura, Tecnología y Construcción, cuarenta y un números publicados entre 1996 y 2013.

ARAÚJO, J., *Félix Rodríguez de la Fuente: la voz de la naturaleza*, Salvat, Barcelona, 1990.

GARCÍA TAPIA, N., *Un inventor navarro: Jerónimo de Ayanz y Beaumont (1553-1613)*, Gobierno de Navarra, Departamento de Educación y Cultura, Pamplona, 2001.

RAMÓN Y CAJAL, S., *Histología del sistema nervioso del hombre y de los vertebrados*, Editorial Ministerio de Sanidad y Consumo, Madrid, 2012.

De carácter reflexivo

Diseño híbrido

Con Joan Vellvé
Diseñador

La crisis del 2008 fue terrible para el ámbito de la construcción y la arquitectura. Como no podía ser de otra forma, también golpeó nuestra escuela, llevándose por delante la carrera de Arquitectura Técnica, en la que se formaron profesionales que tan relevante y necesario papel han desempeñado y desempeñan en el organigrama de la construcción en España. Se intentó reconvertir dicho grado en el de Ingeniería de Edificación, pero se convirtió en una entelequia fácilmente transferible al argumento de una película costumbrista española.

Fue entonces cuando se decidió implantar el grado de Diseño junto con el de Arquitectura en nuestra escuela. Para ello, se invitó a profesores expertos en las materias, y los profesores de la Escuela nos constituimos en un apoyo para resolver las cuestiones académicas cotidianas. Esto nos permitió ser testigos de las posibilidades de este grado y, en concreto, del diseño de servicios, el cual resultó especialmente interesante y revelador en sus posibilidades de futuro para mí.

Permitiéndome una simplificación tremenda, podría decirse que el diseño de productos sería el tangible y el diseño de servicios sería el intangible.

Mi origen formativo como arquitecto implica que lo construido, lo tangible, cobra especial importancia, por ello el diseño de servicios, en su más amplia acepción, se convirtió en un apoyo más sobre el que plantear futuros retos de investigación.

Cuando a Joan le pedí hablar de diseño, fue esto lo que me contó:

Es curioso pensar en el futuro de la profesión que uno practica siendo esta, en mi caso, una hibridación de disciplinas que en la actualidad se están formando. No soy ni un pionero ni un visionario y, por lo general, intento copiar tanto como puedo de los referentes que me hacen pensar y reflexionar. Vivir entre disciplinas no ha sido una elección consciente ni premeditada, ha sido el fruto de dirigir mi trabajo hacia lo que me gustaría hacer en este futuro del que voy a intentar hablar. Muy a menudo me encuentro gente que, dentro del mundo de la creatividad y de lo creado, vive, como yo, en una ambivalencia constante, en el área gris que se define por no ser definida por las fronteras establecidas de lo común.

Yo soy diseñador. Pero no lo soy ni de producto, ni gráfico, ni de moda, ni de estrategia, ni de sistemas, ni social, ni de interiores, ni de urbanismo, ni de instalaciones, ni de organizaciones, ni de futuros, ni de marcas, ni de experiencias, ni industrial o artesanal, y por algún motivo durante mis años de práctica he desarrollado proyectos en todas estas disciplinas.

Pensar en el futuro de mi disciplina es pensar en su presente y su pasado y ver que desde un principio esta ha evolucionado a la par de la manera en que nos relacionamos con nuestro mundo. Hablar entonces de un futuro es ciencia ficción y, aunque hay una parte y una disciplina del diseño que linda con este campo, no me voy a aventurar, sino que voy a intentar hablar sobre hacia dónde debería evolucionar. Pienso que, para que mi disciplina evolucione hacia donde yo creo que debe en un futuro, es necesario que su contexto acepte que la hibridación es un camino hábil. En la actualidad, aunque todo el mundo habla de multidisciplinariedad, esta siempre se conjuga en equipo y depende de la especialización vertical del individuo.

Por mi experiencia, dentro del sistema de trabajo mi trayectoria híbrida y multidisciplinar se valora como aquello que te gusta ver, que te parece curioso, así como aquella rara avis, *pero que nunca quieres en tu equipo. Algunas veces me han comentado que es por la falta de entender cómo controlar este curioso animal; otras, porque no saben cómo lidiar con lo que no conocen. El modelo fordista-taylorista que prevalece no está pensado para acomodar la creatividad, lo incontrolable, lo desconocido. La verdad es que no tengo una respuesta concluyente, pero si no empezamos a valorar la hibridación, la multidisciplinariedad y el valor añadido que este tipo de cualidades pueden producir, será difícil que el diseño en un futuro pueda aportar mucho más de lo que ya aporta hoy en día. Por suerte, hay indicios que muestran que poco a poco vamos integrando estas personalidades y características diferentes. También será importante que empecemos a valorar la creatividad como aquello intrínseco que nos hace evolucionar, que nos hace mejorar. Todos hablamos de las personas creativas como valor añadido. Aunque somos conscientes de que el concepto de creatividad no está desarrollado en las escuelas infantiles, muchas veces, de hecho, se ningunean aquellas asignaturas que tienen que ver con la creatividad por no ser tan importantes como las ciencias exactas o las lenguas. También vemos cómo los presupuestos en cultura de Gobiernos e instituciones son paupérrimos, vemos cómo el I+D se basa solamente en lo científico y cuantificable. La creatividad gusta, pero que la tengan otros. (Y ahora me diréis: "A mí me gustaría ser más creativo, yo querría vivir en la situación de un creativo"). Quizás alguno tenga una clara idea de qué quiere decir, muchos vivirán del pensamiento casi romántico del creativo o del artista. Digamos que el creativo es el artista del siglo XXI. Esa idea del romántico que pasa el día pensando, dando vueltas mientras toma té y fuma en pipa en un sofá escuchando vinilos. La realidad es muy lejana a esta idea y la creatividad del diseñador se basa en la experiencia en lidiar con lo desconocido, en masticar la problemática, en abusar de la situación de falta de control, en sistematizar procesos de pensamiento y métodos y ser flexible con ellos, sobre todo eso, ser flexible y adaptarse a la vez que avanza el proceso de creación.*

Es quizás cierto que, así como en el siglo XX el diseñador era el materializador de los inventos y daba una fisicalidad fácil de comprender, una estética, una forma y una función, en la mayoría de los casos actuales de aquellos que forman la punta de lanza de nuestra disciplina el diseñador es el que formula la abstracción, conceptualiza lo inmaterial, conjetura sobre lo imposible y plantea las preguntas para que las soluciones puedan ser materializadas en otro proceso. El contexto de los proyectos en los que trabajan estos diseñadores se desarrolla y desarrollará como proyectos complejos, wicked problems, *en los que intervienen muchos factores, muchos actos y actores y cuyas soluciones dependen de cómo se formulan las preguntas y los prejuicios de partida.*

Muy probablemente, en un futuro el diseñador no tendrá que preocuparse por la materialización de aquello que es conocido, aunque, sin duda, existirán artesanos y diseñadores que lidien con lo material, pero el futuro de mi disciplina se enfrentará a aquello que no se puede tocar, ni ver, ni oler.

Y, Joan, ¿qué piensas del futuro de la investigación en el ámbito del diseño?

A veces miro lo que estoy haciendo en mi investigación y me parece como del pasado. Quizás es porque lo veo cada día y lo novedoso, con la rutina, se vuelve viejo rápido. Para mí, pensar en el futuro de la investigación del diseño es pensar en lo que es relevante o en lo que debería serlo. La investigación no debería volverse anodina y para eso debería valorar lo cualitativo. Al ser una disciplina relativamente nueva, el futuro es asentar una voz propia, desarrollando un enjambre de miradas que formen la disciplina desde el interés individual del investigador.

Lecturas recomendadas

BAUDRILLARD, J., *The System of Objects*, Verso Books, Londres, 1968.

GEEL, C., y GAILLARD, C. (eds.), *Extended French Theory & The Design Field… On Nature and Ecology - A Reader*, T&P Publishing, París, 2019.

SENNETT, R., *The Caftsman*, Penguin Books, Londres, 2009, versión en castellano: *El artesano*, Anagrama, Barcelona, 2008.

WA THIONG'O, N., *Moving the Centre*, James Currey, Oxford, 1993.

Seguridad

Con Salvador Sánchez Tapia

*General de brigada del Ejército de Tierra en situación de reserva.
Universidad de Navarra, profesor de Relaciones Internacionales.*

La transferencia de investigación militar al ámbito civil ha sido un camino poco transitado en nuestro país, algo cuyo origen tal vez esté asociado al complejo siglo XX de nuestra historia. En todo caso, la colaboración con las administraciones con competencias en seguridad o con los cuerpos y fuerzas de seguridad siempre me ha parecido natural, dado que la población mundial es mayoritariamente urbana, y quién mejor para entender y mejorar la seguridad en los edificios y en las ciudades que los arquitectos que las diseñan.

Hemos tenido la suerte de vivir muchas y variadas experiencias docentes que después se han convertido en proyectos de investigación. Entre todas ellas, me permito rescatar aquí unas pocas con la sola intención de transmitir algunas de las intersecciones posibles entre arquitectura, ingeniería y seguridad.

En primer lugar, el caso de un colegio en Pamplona que, antes de su derribo, fue utilizado por el Servicio de Bomberos del Gobierno de Navarra para hacer pruebas de humo. En estas pruebas se ubica en un punto el imaginario inicio del incendio y con humo blanco se ve cómo se podría mover el humo en caso de incendio real. En estos casos, siempre aproximaciones de lo que sucede en la realidad, resulta esclarecedor comprobar cómo invade el humo las vías de evacuación (pasillos y escaleras) y poner en relación ese movimiento con las simulaciones teóricas.

Una segunda experiencia está relacionada con las instalaciones urbanas que se explican a los futuros arquitectos urbanistas. De hecho, hablando con propiedad, en lugar de "instalaciones urbanas" deberían llamarse "instalaciones territoriales". Por ejemplo, es habitual que la captación de agua que requiere un núcleo urbano se produzca a kilómetros de distancia, para después distribuirla. Después de ser utilizada, esa agua se vierte tras pasar por la depuradora… o no, pues uno de los grandes problemas de contaminación de la naturaleza son los vertidos contaminados, ya sea por fallo de las depuradoras o por acciones deliberadas. Una de las salidas profesionales de los arquitectos es la Administración, especialmente en departamentos de arquitectura y también de urbanismo, donde en un momento dado tendrán que realizar informes periciales en caso de vertidos incontrolados. Por esa razón organizamos sesiones de trabajo docentes con el Servicio de Protección de la Naturaleza de la Guardia Civil, donde la sistemática de la toma de muestras para su posterior análisis suponía ejecutar procedimientos absolutamente rigurosos para que los resultados fueran aprobados más tarde por las distintas partes implicadas. En este caso, las dimensiones urbanas y arquitectónicas del proceso de gestión del agua tenían importantes repercusiones con el ámbito del derecho.

El tercer caso fueron las visitas junto al Grupo de Subsuelo del Cuerpo Nacional de Policía a las entrañas de Madrid. Conocer de primera mano el tendido serpenteante de todos los servicios que requiere una ciudad de millones de habitantes, donde se solapan instalaciones diversas en espacios subterráneos de diferentes estratos históricos, en profundidades que van desde los pocos centímetros bajo rasante a decenas de metros bajo las principales arterias de la ciudad es sencillamente… increíble. También resulta muy ilustrador de lo frágiles que son nuestras sociedades modernas por la cantidad de servicios que se requieren, y lo fácil que puede resultar anularlos parcial o totalmente.

Ese es el contexto en el que solicité su opinión a Salvador. Me interesaba la visión holística que tiene sobre estas cuestiones de seguridad: el *safety* anglosajón de mi trabajo cotidiano y el *security* de su experiencia:

En los años noventa del pasado siglo, finalizada la Guerra Fría y, en buena medida, bajo el impulso de la que se conoció como "escuela de Copenhague", el concepto de seguridad experimentó una transformación, expandiéndose para incluir amenazas de naturaleza no militar que afecten no solo a Estados nación, sino a otras entidades subnacionales e, incluso, a los ciudadanos como individuos. Es este sentido lato del término seguridad *el que se empleará en esta contribución.*

Hecha esta reflexión inicial, no cabe duda, desde mi punto de vista, de que la seguridad estará en el futuro profundamente mediatizada por la tecnología. Realmente, esto tampoco es nada nuevo, pues el desarrollo tecnológico ha estado siempre presente en este ámbito. Lo que diferencia nuestra época de otras es la velocidad del cambio y el hecho de que la rápida evolución tecnológica a la que asistimos convive con una revolución en algunos campos, como el de la información, cuyo calado y potencial transformativo aún estamos lejos de vislumbrar y comprender.

Sin duda ninguna, el desarrollo de tecnologías como la computación cuántica, los sistemas de inteligencia artificial o el cada vez más fácil acceso a un pobremente regulado espacio exterior van a plantear importantes retos a la seguridad a todos los niveles. El ciberespacio se configura como un nuevo dominio en el que hacer la guerra o dirimir conflictos; la inteligencia artificial ofrece múltiples oportunidades de sembrar información falsa con apa-

riencia de credibilidad y amenaza con reemplazar al ser humano en la toma de ciertas decisiones, con repercusiones imprevisibles para la seguridad; los sistemas van penetrando sin descanso en la vida privada de los individuos, que queda progresivamente más expuesta; la posibilidad de militarizar un espacio exterior más y más contaminado por basura espacial es cada día mayor; la manipulación genética empuja a la humanidad a un abismo insondable; el desarrollo de la robótica y de la IA hará superfluos muchos puestos de trabajo desempeñados hoy por personas, que verán amenazada su forma de vida…

Con los retos, un desarrollo tecnológico correctamente encauzado también ofrecerá importantes oportunidades y ventajas; desde la prevención de catástrofes y la protección contra sus efectos hasta el tratamiento de enfermedades aún no vencidas, pasando por una continua expansión del conocimiento entre la población.

Además de por la tecnología, la seguridad futura se verá significativamente afectada por el impacto del cambio climático, evidente en la actualidad, con independencia de la responsabilidad que se atribuya en él a la especie humana. No solo podrá tener importantes efectos en la seguridad de las personas en forma de crecientes problemas de acceso al agua potable, la disminución de la superficie cultivable, el aumento de las migraciones forzadas por la subida del nivel del mar, la ausencia de precipitaciones o la mayor recurrencia de catástrofes meteorológicas. Por si fuera poco, podrá, de forma indirecta, afectar a la seguridad de los Estados, provocando conflictos armados civiles o convencionales entre Estados que compitan por los menguantes recursos —el agua sobre todos ellos— o se enfrenten ante la fricción producida por las, cabe esperar, cada vez mayores migraciones climáticas forzadas.

Esta última cuestión, la de las migraciones humanas, será, probablemente, otro de los principales factores con impacto en la seguridad en el futuro. Las migraciones no se producirán únicamente como efecto del cambio climático, sino, sobre todo —ya está siendo así—, por la presión de vastas regiones del sur global sobre los países del norte en América y Europa con bajas tasas de fertilidad y demográficamente estancados o, como es el caso de España, en regresión.

Las migraciones incontroladas plantearán importantes retos a la estabilidad y seguridad, tanto en los países emisores de migrantes como en los receptores. En los primeros, serán tanto efecto como causa del debilitamiento y fallo de no pocos Estados; resultarán en la salida de los más capacitados física e intelectualmente, privando a esos países de un capital humano necesario para su estabilidad y desarrollo. En los últimos, la afluencia masiva de migrantes sin control podrá producir fricciones sociales importantes motivadas por la percepción en los ciudadanos de los países de acogida, justificada o no, de que los inmigrantes amenazan su estabilidad laboral, contribuyen a incrementar la criminalidad y a darle nuevas formas antes inexistentes —piénsese, por ejemplo, en el fenómeno de las bandas juveniles o "maras" que comienza a abrirse paso en España— y se resisten a la integración, transformando la cultura y el sistema de valores de la nación receptora.

Esto, evidentemente, puede resultar en conflictos sociales e, incluso, en la ruptura de la cohesión interna en los Estados que reciben inmigrantes y del "contrato" que vincula a sus diferentes generaciones en un juego de apoyo mutuo con el que los nuevos ciudadanos pueden no sentirse concernidos.

En el nivel de la geopolítica, quizás el aspecto más relevante desde el punto de vista del futuro de la seguridad venga marcado por la emergencia de China al rango de verdadera potencia global. El orden internacional heredado del final de la Segunda Guerra Mundial se encuentra cada vez más cuestionado por potencias iliberales como China o Rusia. La guerra de Ucrania, en este sentido, puede estar actuando como un catalizador del cambio hacia un orden nuevo de perfiles inciertos. Precisamente, esa incertidumbre hace de este período de transición un momento especialmente sensible desde el punto de vista de la seguridad en el que puede esperarse un aumento de la conflictividad.

La última reflexión se refiere a lo diverso de las amenazas y riesgos a los que se enfrenta la seguridad en el futuro, muchos de los cuales requieren una respuesta multidisciplinar y coordinada a nivel internacional. Reconociendo la dificultad que entraña conseguir esta coordinación, es necesario también resaltar que esta necesidad de coordinar ofrece igualmente una oportunidad para articular mecanismos de cooperación internacional que eviten conflictos.

Las palabras de Salvador nos permiten entrever cómo la seguridad de nuestros edificios y ciudades no se circunscribe a cuestiones físicas, sino que tiene importantes interacciones con los ámbitos del derecho, la economía y los más diversos aspectos sociales de nuestras civilizaciones.

No quisiera terminar este apartado sin comentar lo compleja que resulta la seguridad en el ámbito concreto de la investigación de la arquitectura.

Para empezar, es obvio que, en términos de seguridad, la instalación más segura es la que no se pone, pues no puede desviarse ni piratearse. Este pensamiento lleva a la paradoja de reducir o restringir o incluso eliminar ciertos servicios o, cuando menos, de diseñarlos de otro modo. Sin duda alguna, veremos cambios notables en esta línea en un futuro no lejano.

Una segunda consideración sería no dar soluciones por sentado en futuros diseños arquitectónicos y urbanos. Por ejemplo, ¿los edificios han de diseñarse siempre para facilitar la evacuación de las personas en caso de incendio? ¿Y si el incidente se produce fuera del edificio? Esta es una situación que se da, por ejemplo, en Israel, un país complejo en el que se diseñan los recorridos tanto para evacuar hacia el exterior si hubiera un incendio como para permitir el movimiento de decenas de personas a los refugios en caso de ataque desde el exterior.

La última mención se refiere al cambiante ritmo de la tecnología. Con frecuencia, las nuevas soluciones van por delante de la normativa y es evidente que esas nuevas tecnologías, ya sean a escala de edificio o de ciudad, requerirán de nuevos sistemas de seguridad sobre los que los especialistas deberán dar cumplida respuesta a la sociedad con eficacia y eficiencia.

Lecturas recomendadas

BRODIE, B., *War & Politics*, MacMillan, Nueva York, 1973, versión en castellano: *Guerra y política,* Fondo de Cultura Económica, Ciudad de México, 1978.

BUTTI, K., y PERLIN, J., *A Golden Thread. 2500 Years of Solar Architecture and Technology*, Cheshire Books, Palo Alto (Cal.), 1980, versión en castellano: *Un hilo dorado: 2500 años de arquitectura y tecnología solar*, Blume, Madrid, 1985.

KISSINGER, H., *Diplomacy*, Pocket Books, Nueva York, 1994, versión en castellano: *Diplomacia*, Ediciones B, Barcelona, 1995.

MEARSHEIMER, J. J., *The Tragedy of Great Power Politics*, W. W. Norton & Company, Nueva York, 2014.

La ciudad, lo cotidiano, el paisaje y el movimiento

Con Esperanza Marrodán
Universidad de Navarra. Profesora del Departamento de Teoría, Proyectos y Urbanismo de la Escuela Técnica Superior de Arquitectura.

La seguridad planteada en el capítulo anterior para las ciudades, para las megaciudades con decenas de millones de habitantes, evoluciona de forma natural al concepto de resiliencia, es decir, a la capacidad de esos núcleos habitados de afrontar los eventos negativos de origen natural (como los desastres climáticos) o de origen humano (como los conflictos armados o los cambios sociales), de poseer los mecanismos necesarios para minimizar sus efectos y también de la capacidad de recuperarse con celeridad.

Tal resiliencia, en lo que se refiere a las pretensiones de este ensayo, pasa por la actuación en las redes que sirven a las ciudades, como las redes de entrada de agua, o también las redes de acumulación y salida de aguas pluviales o las redes de reciclaje y vertido de aguas fecales. Pero en nuestra sociedad eléctrica, en la que sin electricidad no funciona casi nada, son las redes de suministro de este fluido energético las que cobran una importancia vital, por lo que su planificación, diversificación, ejecución, mantenimiento y seguridad de suministro se antojan vitales, imprescindibles, en la sociedad conformada en este siglo XXI.

¿Podrían existir otras formas de relación sociedad-energía-arquitectura? Por supuesto. Muchas y variadas. Estamos en el punto en el que nos encontramos porque la realidad, esto es, la economía, las inercias profesionales y las políticas nacionales e internacionales han constituido este marco común, pero corresponde a la investigación universitaria y al I+D empresarial plantear alternativas viables.

De las múltiples redes que precisa nuestra sociedad, una de las más fascinantes es la que tiene un uso invisible: las redes de datos. Es cierto que, en realidad, estas redes requieren de puntos físicos que sí necesitan energía (en realidad, mucha energía), pero en su uso como ondas electromagnéticas constituyen instalaciones invisibles que, si bien no son imprescindibles para la vida de los humanos en la Tierra, sí lo son para mantener el bienestar y desarrollo de la sociedad.

Esta transición intelectual del paisaje energético tangible al paisaje tecnológico invisible tiene otras muchas consideraciones, que son las que recoge Esperanza Marrodán cuando hablamos de la preparación de este capítulo:

> *Existe un librito publicado en 2014 por Annalisa Metta y Benedetta Di Donato dedicado a las figuras de Anna y Lawrence Halprin: ella, coreógrafa; él, paisajista. Ambos, juntos, autores de diversos proyectos de espacio público basados en su novedosa metodología diseñada en 1969, los RSVP Cycles. El título del libro de Metta y Di Donato resume la filosofía del matrimonio en relación con el proyecto urbano: Anna e Lawrence Halprin. Paesaggi e coreografie del quotidiano[55].*
>
> *Cotidiano, coreografía, paisaje. Tres palabras a menudo obviadas en los proyectos de espacio público elaborados en las mesas —ahora ordenadores— de la mayor parte de los estudios de arquitectura. Tres palabras que, sin embargo, encierran las claves de nuevas*

55. METTA, A., y DI DONATO, B. (eds.), *Anna e Lawrence Halprin. Paesaggi e coreografie del quotidiano*, Casa Editrice Libria, Melfi, 2014.

maneras de aproximarse a estos proyectos, superando un determinismo impuesto tanto por la excesiva normativa como, en muchos casos, por quien proyecta decidiendo de antemano cómo estamos obligados a comportarnos en el espacio.

Lo cotidiano. El diccionario de la RAE define cotidiano *con un escueto 'diario'. El diccionario de Oxford va un poco más allá: 'Que pertenece a lo que ocurre o se hace de forma habitual o usual'. En filosofía y sociología, sin embargo, el concepto tiene un alcance mayor, que se extrapola hasta convertirse en un modo de apropiación de la realidad: el conocimiento cotidiano. Vinculado al concepto sociológico de representaciones sociales (RS), este conocimiento "nos permite comprender y explicar los hechos y las ideas de nuestro mundo, responder a las preguntas que este nos plantea, establecer nuestra posición en relación con los fenómenos, acontecimientos, objetos y comunicaciones y, de esta manera, dar sentido a nuestro entorno y a los hechos que ocurren, participando en la construcción social de nuestra realidad"[56].*

Desde esta perspectiva, el papel del proyecto urbano como receptor, ordenador o incluso creador de lo cotidiano se carga de responsabilidad. Un proyecto de espacio público tiene la doble misión de recoger y favorecer lo cotidiano —descubierto mediante la observación y la implicación de los usuarios— y de imaginar escenarios que impulsen nuevas formar de relación dirigidas a crear acontecimientos que, implicando también a los usuarios, pasen a formar parte de su cotidianeidad, dando sentido al entorno y fortaleciendo los lazos de la comunidad.

56. JODELET, D., citado en MAZZITELLI, C. A., y APARICIO, M., "El abordaje del conocimiento cotidiano desde la teoría de las representaciones sociales", en *Revista Eureka sobre Enseñanza y Divulgación de las Ciencias*, septiembre de 2010, vol. 7, núm. 3, p. 638.

La coreografía. De la definición del diccionario de la RAE, esta vez más prolija, podríamos quedarnos con la segunda acepción: 'Arte de representar en el papel un baile por medio de signos, como se representa un canto por medio de notas'. El plano de proyecto se convierte en una partitura sobre la que diseñar el movimiento urbano en todas sus escalas, o sobre la que recoger los pasos de esas danzas cotidianas que ya se producen. En el espacio urbano todo se mueve: se mueven las personas, los vehículos, se mueven los residuos, la información, se mueven las ideas… Proyectar el movimiento es tanto dejar la libertad de que todo fluya sin determinismos previos como trazar sobre el papel las líneas maestras que favorezcan que todos esos movimientos que tienen lugar en el espacio se coordinen armónicamente. Igual que en una coreografía. Esta idea, fundamental en el método de los Halprin, incluye también los elementos naturales, nunca estáticos, poniendo así en relación la coreografía con el paisaje.

El paisaje. Nunca como ahora los planos de los estudiantes habían estado tan llenos de verde: en fachada, en cubierta, en medianas, en rotondas…, bloques de árboles que el AutoCAD ofrece predefinidos, que se eligen y se escalan en función de qué tal quedan en planta o en sección. Rénders llenos de verde cuyo objetivo es humanizar espacios a menudo inhumanos y completamente desescalados. Por eso, quizá nunca como ahora se había tenido tan poco en cuenta la profundidad del concepto de paisaje y la increíble carga creativa y proyectual que podría aportar.

Hablar de paisaje en relación con el proyecto urbano es hablar de emociones sensoriales, de cultura y también de medioambiente, de optimización de recursos, de ecología, de energía, de equilibrio. Exige al proyectista poner su imaginación al servicio de un conocimiento profundo de las dinámicas naturales de la zona en la que interviene y usarlas de forma creativa. Proyectando con, *y* no contra *ellas, como decía Ian McHarg ya en 1969.*

La poesía implícita en el concepto de jardín en movimiento de Gilles Clément o las propuestas de equipos como COLOCO o Wagon Landscaping que, en la estela de aquella "guerrilla gardening" que llenó de flores los solares abandonados de Nueva York en los años setenta, promueven un activismo dirigido a transformar el espacio y la conciencia, ofrecen interpretaciones y metodologías que enriquecerían el proyecto urbano. El paisaje nos permite naturalizar la ciudad, dejarla respirar y, recuperando ese cuidado por lo natural, restaurar también un equilibrio perdido que mejore nuestra vida y, quién sabe, nos haga al mismo tiempo mejores personas.

Esta visión lírica, en mi caso desde las instalaciones y sistemas energéticos urbanos, la traslado a la visión de las estrellas en nuestros pueblos y ciudades. Me explico.

Cuando era niño, desde el pueblo de mi padre en las montañas salmantinas en el que pasábamos las vacaciones veraniegas, podíamos ver la Vía Láctea en todo su esplendor alejándonos apenas unos pocos metros de los límites del pueblo. Una vista espectacular de la que pueden dar fe todos los que han disfrutado de ella en la naturaleza.

Pero han pasado cuarenta años. La seguridad vial ha cobrado más relevancia, hay que poner más luminarias, más luz… y, si quiero que mis hijos disfruten del paisaje que yo vi a su edad, debo desplazarme decenas de kilómetros, y no, no es lo mismo, pues sigue habiendo contaminación lumínica.

Para mí, reducir este tipo de contaminación, manteniendo los niveles de seguridad cuando sean necesarios, es un reto formidable para los próximos años. Pensemos en esas imágenes desde el espacio de los núcleos urbanos de noche… Por mi parte, solo veo energía producida en un punto, con pérdidas en su transporte hasta las luminarias donde se consumirá, para después ser rebotada al espacio e iluminar… el infinito.

El estudio de esa iluminación urbana también podría aplicarse a analizar su formalización a modo de rayos X de la estructura urbana. ¿Por qué no? En todo caso, las líneas de investigación de la arquitectura y, sobre todo, del urbanismo y del territorio del futuro se escribirán a partir de los extraordinarios condicionantes que el cambio climático y el sobrecalentamiento está generando en el planeta.

Lecturas recomendadas

BECHER, B., y BECHER, H., *Tipologías*, Fundación Telefónica, Madrid, 2005.

CALVINO, I., *Marcovaldo*, Siruela, Madrid, 2015.

CARSON, R., *El sentido del asombro*, Encuentro, Madrid, 2012.

CLÉMENT, G., *Manifiesto del tercer paisaje*, Gustavo Gili, Barcelona, 2007.

McHARG, I., *Proyectar con la naturaleza* [1968], Gustavo Gili, Barcelona, 2000.

NOGUÉ, J., *Entre paisajes*, Àmbit, Barcelona, 2009.

NOUVEL, J., "Entrevista con Jean Nouvel", en *El Croquis*, 1995, núm. 65/66.

Miscelánea a modo de epílogo

El mayor de los descubrimientos científicos fue el de la ignorancia[57].

En este libro hemos querido presentar algunas de las posibilidades que vislumbramos desde nuestra humilde posición en una escuela de Arquitectura española para que aquellos interesados, aquellas interesadas, las recojan y sigan allá donde nosotros no pudimos o no supimos seguir.

Sirvan estas líneas para lanzar otros conceptos que hemos venido trabajando también estos años, aunque sea someramente, a modo de semilla que confiamos en que pueda crecer en distintas áreas del trabajo cotidiano y el conocimiento académico.

Como el resto de este ensayo, se han dividido estas elucubraciones en las mismas cuatro partes:

Biomímesis

- La *Belgica antarctica* es una especie de mosquito no volador endémica del continente antártico. Puede sobrevivir mucho tiempo al congelamiento de sus fluidos corporales.

57. NOAH HARARI, *op. cit.*, p. 239.

Para adaptarse a las bajas temperaturas, entre otras estrategias acumula energía en forma de glucosa. Esta glucosa se almacena como trehalosa y eritritol, dos moléculas que estabilizan las proteínas del organismo y se unen a las membranas mediante enlaces de hidrógeno.

- Las aplicaciones de la celulosa, la quitina y la lignina a los sistemas constructivos de la arquitectura podrían ser muy variadas. ¿Por qué no tener en el futuro conductos de aire acondicionado a partir de la quitina?

- Los diferentes mecanismos que permiten que la savia se mueva en especies vegetales con gran altura podrían extrapolarse al movimiento de fluidos en los edificios.

- En nuestra sociedad internetizada, donde los datos pasan a ser un activo de gran valor, los CPD (centros de procesos de datos) se constituyen en infraestructuras sensibles que provocan graves problemas en caso de fallo. Una de sus debilidades es la disipación de calor, y la refrigeración basada en la oreja del elefante podría ser una implementación de calidad[58].

Técnica y tecnología

- Decía Fuller que "la escuela internacional de la Bauhaus nunca se apartó de la superficie de la pared para mirar la fontanería. [...] Nunca se preguntaron por el problema general de las propias funciones sanitarias. [...] No preguntaron los modelos económicos que rigen la investigación,

---

58. ZUAZUA-ROS, A., *et al.*, "Performance and feasibility assessment of a hybrid cooling system for office buildings based on heat dissipation panels", en *Energy*, 2020, vol. 205, núm. 117975, pp. 1-14.

la producción, las herramientas, las centrales de energía y distribución. [...] Alegaban que porque los artesanos utilizaban las herramientas mecánicas modernas [...] el diseño debe ser moderno"[59]. Esta reflexión en torno al uso de una herramienta y su resultado asociado siempre me pareció fascinante, por lo que estoy deseando ver las implicaciones de la impresión aditiva en el futuro del conjunto de las instalaciones arquitectónicas y urbanas.

- Interfaz edificio-dron. Los drones o vehículos aéreos no tripulados cobrarán aún más importancia en el futuro, pero uno de los problemas que deberá resolverse es el encuentro de un elemento (dinámico), como el dron, con las fachadas (pasivas) receptoras (o emisoras) de datos o materias[60].

- En el momento de redacción de estas líneas, en el año 2024, parece que la denominada "inteligencia artificial" va a revolucionar no solo nuestras vidas, sino la sociedad en su conjunto. Es una tecnología en rapidísima evolución y no sé qué pensará el lector cuando dentro de un tiempo lea lo siguiente, pero, al preguntar a una de las inteligencias comerciales existentes en este momento "¿hay algún estudio que nos diga cuáles son las emisiones de CO_2 asociadas a cada búsqueda que utiliza la inteligencia artificial?", me ha contestado que "uno de los estudios más recientes […] estima que las emisiones de CO_2 asociadas a la inteligencia artificial podrían alcanzar los 14,5 gigatoneladas al año en 2040. Esta cifra es comparable a las emisiones de CO_2

59. FULLER, *op. cit.*, p. 227.

60. MARTÍN-GÓMEZ, C., *et al.*, "Unmanned aerial vehicles for high-density residential delivery", en *Architecture Research*, 2022, vol. 12, núm. 2, pp. 38-46.

de la industria del transporte". Si la inteligencia artificial acierta en su recopilación de datos, será terrible. Si falla, también será una mala noticia.

Complejidad

- La arquitectura más compleja es la arquitectura hospitalaria. Y del mismo modo que los avances de la Fórmula 1 antes o después llegan al coche de calle, los desafíos en cuestiones de protección contra incendios, control del movimiento de aire o suministros energéticos seguros de los hospitales se trasladan a los edificios más convencionales. Por todo ello, la arquitectura hospitalaria continuará siendo una fuente inagotable de investigación arquitectónica.

- Del mismo modo que los hospitales son los edificios más complejos, hoy por hoy, en la vivienda convencional de Occidente, el espacio más complejo es el de la cocina, no solo en términos tecnológicos, sino sociológicos, pues el análisis de los distintos tipos de organizaciones de cocinas y de los aparatos que contienen permiten comprender los diferentes matices de las sociedades a las que dan servicio. Además, mi experiencia en edificios complejos me permitió acercarme a los múltiples condicionantes de las cocinas industriales que han de servir a centenares de personas con sus requisitos de flujos de movimiento, espacios de almacenamiento, residuos, ventilación o protección contra incendios. Si a todo esto le sumamos el marco cultural, como sucede en un país con una gastronomía tan extraordinaria como España, sin duda las sinergias de investigación que surgen de forma natural son numerosas.

De carácter reflexivo

- Cuando imagino el futuro, pienso en el cine. También en la literatura de ciencia ficción y en los numerosos cómics que forman parte de mi biblioteca, pero cuando miro al futuro el cine ocupa un lugar prioritario, pues, tanto si son escenarios virtuales como reales, implica materializar esa visión de los espacios habitados y de las ciudades. No sé cuánto debe mi preocupación por la representación de las instalaciones a la secuencia de *Alien* donde los protagonistas están analizando en una pantalla los caminos por los que pueden ser atacados.

- Al leer sobre el trabajo de Elon Musk, se aprecia que su primera premisa es poner en cuestión los requisitos de las especificaciones, algo que aprendió en SpaceX, cuando sus ingenieros seguían las especificaciones de la NASA. Con frecuencia eran exageradas, de modo que solo "al cuestionarlas pudo producir en menos tiempo cohetes mejores"[61]. En otro orden de dimensiones, escalas y precisiones, cuando un día las instalaciones de los edificios se ajusten en su funcionamiento como las de un avión, un barco o un tren, el paisaje edificatorio, interior y exterior, cambiará de forma ostensible.

- Decía el arquitecto Andrés Perea que el orden de un edificio, o su desorden, se entendía y se comprobaba en los aparcamientos y en las cubiertas de los edificios. Las cubiertas de los edificios, plagadas en muchos casos de salidas de aire, antenas, pararrayos, máquinas de diverso origen y uso… me han fascinado en lo que tienen de materializa-

---

61. PEÑARROJA, T., "Super-Musk", en *Nuestro Tiempo*, diciembre de 2023, p. 34.

ción de la estética de la energía. Al fin y al cabo, ¿cómo se puede representar la energía de la arquitectura y las ciudades?

- Mejorar la divulgación de la ciencia y, en el caso que nos ocupa, de las instalaciones y los sistemas energéticos, siempre me ha parecido un reto fascinante. Seguramente, Fuller, una vez más, habrá tenido mucho que ver: "Lo que es neto será tan bien comunicado que cualquier niño podrá encender un televisor y ver un documental donde se muestre la lucidez del pensamiento de Einstein y absorberlo rápida y firmemente. Vamos a tener laboratorios de investigación y desarrollo en los cuales los facultativos se convertirán en productores de documentales extraordinarios. Esa va a ser la gran nueva tendencia educacional"[62].

Cambiar la respuesta es evolución. Cambiar la pregunta es revolución. Este ensayo ha aspirado a plantear preguntas, pero, aunque pueda parecer contrario al espíritu de estas páginas, también hay que ser cuidadoso con la generación de ideas. El ruido de los resultados, cuando no de las expectativas, así como el de los medios de comunicación y de las redes sociales de internet pueden ocultar lo realmente importante. Como decía Ferran Adrià en una entrevista: "Si pudiera volver atrás, iría más despacio y dosificaría la creatividad como estrategia"[63].

62. FULLER, *op. cit.*, p. 50.

63. "Ferran Adrià: 'Si pudiera volver atrás, iría más despacio y dosificaría la creatividad como estrategia'", en *La Vanguardia*, 2 de mayo de 2023, <https://www.lavanguardia.com/comer/al-dia/20230502/8929479/ferran-adria-volviera-iria-mas-despacio-creatividad-hay-dosificarla-podcast-quedate-a-comer.html> (consulta: 5 de marzo de 2024).

No hacía frío dentro del coche acondicionado, pero había algo frígido en un mundo cubierto de nieve, incluso a través del cristal, que le molestó. Dijo, reflexionando:
—Algún día, cuando estemos en condiciones, hemos de climatizar el planeta Términus. Se podría hacer[64].

Se podría, pero ¿se debería?

Lecturas recomendadas

HERGÉ, *Objectif Lune*, Casterman, Tournai, 1951, versión en castellano: *Objetivo: la luna*, Juventud, Barcelona, 1989.
KOOLHAS, R., *Delirio de Nueva York*, Gustavo Gili, Barcelona, 1978.
RACIONERO, L., *Del paro al ocio*, Anagrama, Barcelona, 1985.

64. ASIMOV, I., *Fundación*, Debolsillo, Barcelona, 2003, p. 131.

Agradecimientos

A quienes me han acompañado en estos años de vida académica. Son muchos, como puede comprobarse. Cada uno de ellos ha contribuido, sin duda, a una parte de este ensayo: Xabier Agirre Ena, Mónica Aguado, Miguel Alcántara, Irantzu Alegría, Ignacio Arteaga, Iciar Astiasarán, Miren Karmele Azcona Azabal, Eduardo Bayo, Roberto Bazán, Javier Bermejo-Busto, Leonardo de Brito Andrade, Guedi Capeluto, Manuel Castells Clemente, Francisco Javier Castro-Molina, Juan Catalán, Carlos Chocarro, Camilo Domínguez Echeverri, Isabel Durá, Laura Elvira Tejedor, Asier Elvira-Zalduegui, Evyatar Erell, José Ignacio Feduchi Benlliure, Rosa Fernández-Urtasun, Carmen Ferrer, Laura García, Guillermo García del Barrio, Ángel Garcimartín, Raquel Garde, Yaniv Gelbstein, Javier Gironés, Tomás Gómez-Acebo, Gustavo González Gaitano, Mariano González Presencio, Belén Goñi, Rufino Goñi, Franz Graf, Zhineng He, Rufino Hernández, Lala Herrero, María Ibáñez-Puy, José Manuel Iriarte, José Ramón Isasi, Maider Istúriz, Michel Iturralde, Leticia Jiménez, Miguel Ángel Jiménez, Adam Jorquera, Laura Juampérez, Stelios Krinidis, Bienvenido León, Patricia Lizaso, Ignacio López-Goñi, Juan Luis Lorda, Alba Lorente, David Luquin, Natalia Mambrilla-Herrero, Pachi Mangado, Javier Mata, Elena Maté Múgica, Eugenio Menéndez, Laura Menéndez, Iñaki Morcillo, Cristina Muñoz Corsini, Paula Noya, Juan Antonio Olaverri, Ricardo Orbara, César Ordóñez, Amaya Osácar, Pablo Palacios, Gustavo Pego, Juan José Pereda López, Silvia Pérez Bou, Juan José Pons, Eduardo Prieto, Felipe Prósper, Manuel Quirós, Juan Carlos Ramos, Bárbara Rangel, José Antonio Sacristán, Rafael Sagüés, Juan Carlos Sánchez, Alfonso Sánchez-Tabernero, Carolina Santamaría, Amir Shapiro, Jon Terés, José Ignacio Terrés, Paolo Tombesi, José L. Torero, Dimitrios Tzovaras, María Uresandi, Luis Fernando Urrea, Víctor Valentí, Javier Vergara-Falces, Lierni Virto, Abraham Yezioro, Amaia Zuazua-Ros, Iker Zuriguel.

Al entusiasmo, constancia y amistad del grupo CIAM, Carlos, Efrén, José Manuel, Juanmi, Rubén y los que venían cuando la vida se lo permitía, sin cuyas conversaciones de los viernes este libro no habría nacido.

A los autores, a los compañeros de este ensayo, por la ilusión compartida en este proyecto.

A mis padres. El pasado.

A mis hijos. El futuro.

A mi esposa, Ana. Todo.

César Martín-Gómez